Linzer Hochschulschriften

Sozial- und Wirtschaftswissenschaften
Rechtswissenschaften
Naturwissenschaften

Band 4

Springer-Verlag
Wien · New York

Sozialpsychologie junger Angestellter

Eine sozialpsychologische Untersuchung der Lebensplanung und Lebensgestaltung junger Angestellter in Oberösterreich

Walter F. Neubauer

1972

Springer-Verlag
Wien · New York

Dipl. Psychol. Dr. Walter Neubauer
Hochschule für Sozial- und Wirtschaftswissenschaften in Linz

Mit 4 Abbildungen

Library of Congress Catalog Card Number 72-186879

Printed in Austria

ISBN 3-211-81040-4 Springer-Verlag Wien — New York
ISBN 0-387-81040-4 Springer-Verlag New York — Wien

Zum Geleit

Seit MAX WEBER die Wertfreiheit in der deutschen Gesellschaft für Soziologie durchgesetzt hatte, begann das — man möchte sagen — wissenschaftliche Jahrhundert der Soziologie. Man begann mit dem wichtigsten Erkenntnisinstrument unseres Jahrhunderts, mit der Erfahrungswissenschaft, die soziale Wirklichkeit und die Stellung des Menschen in ihr zu durchleuchten und immer mehr zu erkennen. Das Ergebnis dieser neuen Wandlung der modernen Soziologie war für die Entwicklung der Industriegesellschaft bedeutend, denn gerade in der Industriegesellschaft wurde das Ursprungsproblem der Sozialwissenschaften, das Problem der Ungleichheit unter den Menschen deutlich, das gerade im Bereich der sozialen Schichtung und in den Prozessen der sozialen Differenzierung zum Ausdruck kommt. Dies kann man am deutlichsten im vielgliedrigen Bereich der Angestelltengruppen erkennen.

Im Laufe der Entwicklung war es daher nicht verwunderlich, daß die Fragen der sozialen Schichtung und der sozialen Mobilität im Berufsleben der Angestellten in der empirischen soziologischen und sozialpsychologischen Forschung langsam an Boden gewannen. Aber Industrialisierung und Technisierung haben im Zusammenhang mit einer dynamischen Wirtschaftsentwicklung außerordentlich starke Veränderungen und Verschiebungen in der Zahl und Struktur der Angestellten gebracht. Mit der Einführung der elektronischen Datenverarbeitung und mit dem sich sprunghaft entwickelnden technischen Fortschritt treten einschneidende Veränderungen der Berufsstruktur und ein bemerkenswerter sozialer Wandel gerade in dieser Berufsgruppe auf.

Eine Reihe von Untersuchungen, vor allem aber jene von Professor Dr. THEODOR SCHARMANN zur „Genealogie des Industriebürgers", haben das Verhalten der Arbeitnehmer schon deutlicher zu machen versucht. Über die „Lebensplanung und Lebensgestaltung junger

Arbeiter" lagen bereits genauere Ergebnisse aus der Bundesrepublik Deutschland und der Schweiz vor.

Die vorliegende Erhebung untersucht als erste ihrer Art im österreichischen Bundesgebiet die Verhaltensweisen und Einstellungen junger Angestellter. Die Gewerkschaft der Privatangestellten Oberösterreichs hat daher gemeinsam mit der Kammer für Arbeiter und Angestellte für Oberösterreich gerne die Gelegenheit ergriffen, eine solche Arbeit an der Linzer Hochschule durch finanzielle und tatkräftige Mitwirkung zu ermöglichen.

Die nun vorliegende Untersuchung junger Angestellter in Oberösterreich bringt eine Reihe wichtiger Informationen und Ergebnisse. Sie bekräftigt das Selbstverständnis junger Angestellter im Rahmen ihrer bewußten Zugehörigkeit zur Angestelltenschaft und beweist die hohe leistungs- und aufstiegsorientierte Motivation dieser Bevölkerungsschichte.

Dem Leiter der Untersuchung, Professor Dr. THEODOR SCHARMANN, seinem Assistenten Dr. WALTER NEUBAUER — dem Autor dieser Schrift — und allen, die mitgeholfen haben, diese interessante Untersuchung durchzuführen, gebührt für ihre Bemühungen Dank und Anerkennung.

Mit den so gewonnenen Einsichten über die Denkstruktur und Verhaltensweisen junger Angestellter in Oberösterreich sind die beiden Institutionen in der Lage, ihre Entscheidungen für eine wirkungsvolle Vertretung der Angestelltenschaft in Oberösterreich und deren weiteren gesellschaftlichen Aufstieg nach den jüngsten Einsichten und Erfordernissen auszurichten. Darüber hinaus aber wird die Untersuchung auch für alle mit dieser Materie Beschäftigten eine weitere Bereicherung darstellen.

FRITZ FREYSCHLAG

Vizepräsident der Kammer
für Arbeiter und Angestellte
für Oberösterreich und
Landessekretär der Gewerkschaft der
Privatangestellten für Oberösterreich

Einführung

Empirische Untersuchungen über die Einstellung von Angestellten zu ihren beruflichen und sozialen Erwartungen und zu den Veränderungen ihrer Arbeitsbedingungen sind im Vergleich zu anderen Gruppen der Arbeitnehmer verhältnismäßig selten. Das ist um so verwunderlicher, als es sich um einen Personenkreis handelt, der, in ständiger Zunahme begriffen, eine immer größere arbeitsmarktpolitische und gesellschaftspolitische Bedeutung gewinnt. Es ist daher der Kammer für Arbeiter und Angestellte für Oberösterreich und der Gewerkschaft der Privatangestellten sowie ferner dem Linzer Hochschulfonds besonders zu danken, daß sie es meinem Mitarbeiter Dr. WALTER NEUBAUER durch ihre finanzielle und institutionelle Unterstützung ermöglicht haben, eine Erhebung über die Lebensplanung und Lebensgestaltung junger Angestellter in Oberösterreich im Rahmen der von mir veranstalteten Studien zur Genealogie des Industriebürgers durchzuführen. Die Ergebnisse dieser Befragung stellen trotz ihrer regionalen Begrenzung und trotz ihrer materiellen und zeitlichen Beschränkung einen allgemeinen Beitrag zum Angestelltenproblem der modernen Gesellschaft dar, denn es wurden alle wesentlichen Lebensbereiche vom Beruf über die politische Einstellung bis zur Frage der Familienplanung zumindest exemplarisch angesprochen.
Auf der Grundlage eines allgemeinen psychologischen Konzeptes für das Selbstverständnis von Individuen und auf dem Hintergrund der von DAHRENDORF, DAVIS, KÖNIG, LINTON, SCHARMANN, WURZBACHER u. a. entwickelten Sozialisationstheorie wendet NEUBAUER die Erfahrungen und Kategoriensysteme dieser Theorien auf die besondere personale Befindlichkeit und soziale Situation der Angestellten in unserer heutigen Gesellschaft an. Indem er die Einstellungen und Erwartungen sowohl der Gesellschaft als auch der einzelnen Personen seines Kollektivs mit Hilfe dieses umfassenden Konzeptes und einer großen Anzahl mehrdimensionaler

Analysen mißt und untersucht, ist NEUBAUER bemüht, zu einem „Gesamtbild des jungen Angestellten" vorzudringen. Als besondere methodische Vorzüge seiner Analyse erweisen sich dabei das Bemühen um die Vergleichbarkeit seiner Befunde mit den Ergebnissen anderer, ähnlich gelagerter Untersuchungen sowie ferner der Umstand, daß er männliche und weibliche Angestellte in seine Gesamtstichprobe einbezogen hat.

Als wichtigstes Ergebnis dieser Studie ist die Tatsache festzuhalten, daß der gesellschaftliche Typ des „Angestellten" einerseits viel differenzierter ist als gemeinhin angenommen und daß er sich andererseits doch wieder von den typischen Repräsentanten anderer sozialer Gruppen, wie z. B. dem Facharbeiter oder dem Beamten, deutlich abhebt. Nach allgemeiner Auffassung entsteht die soziale Gruppe der Angestellten im Gegensatz zu anderen Gruppen erst mit fortschreitender Industrialisierung und Bürokratisierung des modernen Wirtschaftslebens. Freilich, im Augenblick ihrer größten Entfaltung stellt sich als Folge der Rationalisierung und Nivellierung ihrer Tätigkeitsgebiete auch schon die Frage, ob nicht eben technischer Fortschritt und Automation sie als besondere soziale Gruppe wieder zum Verschwinden bringen werden. In eben dem Zeitpunkt, in dem beträchtliche Teile der Facharbeiterschaft in angestelltenähnliche Arbeitsverhältnisse angehoben werden sollen und bisher Selbständige zu Dienstnehmern werden, entsteht das schwerwiegende gesellschaftspolitische Problem, ob das „gemeinsame Bewußtsein" der Angestellten als einer beruflich und sozial spezifisch geprägten Gruppe sich trotz der funktionalen Auffächerung und Diffusion ihrer Tätigkeitsbilder im Zeitalter der industriellen Professionalisierung und der Automation sich erhalten und fortentwickeln kann.

NEUBAUER macht sich die Beantwortung dieser Frage nicht leicht, denn er zieht zu ihrer Akzentuierung nicht nur die Ergebnisse der Einstellungs- und Verhaltensbeobachtungen anderer sozialer Gruppen und Klassen heran, sondern er differenziert auch das Bild des Angestellten in sich, wenn er auf die unterschiedlichen Erwartungshorizonte und Aufstiegsstrategien männlicher und weiblicher Angestellter oder auf den Sonderstatus der Angestellten in der EDV hinweist. Nimmt man noch als weitere Merkmalskriterien die Faktoren der Mobilität und Progressivität hinzu, deren unterschiedliche Ausprägung in Teilstichproben bzw. Untergruppen mit großer Deutlichkeit hervortritt, so erscheint das von NEUBAUER in seiner „Sozialpsychologie junger Angestellter“ entworfene Bild dieses Personenkreises nicht nur in einer noch immer überraschenden Schärfe, sondern auch in seiner unübersehbaren Vielfältigkeit und Problematik.

Linz, im Dezember 1971 THEODOR SCHARMANN

Vorwort

Eine empirische Untersuchung größeren Umfangs ist immer das Ergebnis der Zusammenarbeit vieler Mitwirkender, ohne die ein solches Projekt nicht zeitgerecht durchgeführt und ausgewertet werden könnte. Ich habe daher eine vielseitige Dankesverpflichtung, der ich gerne nachkomme.

Mein Dank gilt an erster Stelle gleichermaßen Herrn Vizepräsident F. Freyschlag und Frau Dkfm. Dr. E. Jetschgo-Schwarz, die durch persönlichen Einsatz die vorliegende Untersuchung als gemeinsames Projekt der Gewerkschaft der Privatangestellten in Oberösterreich und der Kammer für Arbeiter und Angestellte für Oberösterreich durch die Sicherstellung finanzieller Mittel möglich machten und damit den Forschungsintentionen von Prof. Dr. Th. Scharmann, Vorstand des Instituts für Psychologie der Hochschule für Sozial- und Wirtschaftswissenschaften Linz, über die „Genealogie des Industriebürgers“ entgegenkamen. Dem Linzer Hochschulfonds sei ebenfalls für die finanzielle Unterstützung dieses Forschungsvorhabens gedankt.

Die Beiträge von Herrn Vizepräsident F. Freyschlag und von Frau Dr. E. Jetschgo-Schwarz erstrecken sich jedoch darüber hinaus auf eine beratende Unterstützung bei der Fragebogenkonstruktion einschließlich Probebefragung und insbesondere bei der Organisation der Stichprobe, sowie bei der Planung und Vorbereitung der Befragungsaktion durch Herstellung der Firmenkontakte.

Mein besonderer Dank gilt meinem verehrten Lehrer, Herrn Professor Scharmann, durch dessen persönliche Initiative die vorliegende Untersuchung angeregt wurde, die als Paralleluntersuchung zu der von Professor Scharmann seinerzeit durchgeführten Erhebung über „Lebensplanung und Lebensgestaltung junger Arbeiter“ (1967) geplant wurde und die thematisch sowie fragebogentechnisch auf der genannten Untersuchung fußt. Sein Rat, seine reiche Erfahrung und seine aktive Hilfe standen in allen Untersuchungsphasen jederzeit zur Verfügung. Für die mit einem erheblichen Zeitaufwand verbundene Durcharbeitung des Manuskripts und für die wertvollen Hinweise sei Herrn Prof. Dr. TH. SCHARMANN und Herrn Prof. Dr. K. H. SEIFERT ausdrücklich gedankt.

Ferner gilt mein Dank Frau Dr. D. L. SCHARMANN für die Mitarbeit an den Probebefragungen und bei der Fragebogenkonstruktion, insbesondere für wichtige Beiträge zu Fragen über die weiblichen Angestellten, und Frau Dipl.-Sozialwirt E. NEUBAUER für die Literaturbearbeitung, Mitwirkung bei der Item-Entwicklung und bei der wissenschaftlichen Bearbeitung der Tabellen.

Sehr wichtige statistische Unterlagen für die Stichprobenrechnung wurden in dankenswerter Weise von Herrn Amtsrat DOLEZAL, Landesarbeitsamt Oberösterreich, zur Verfügung gestellt.

Maßgeblichen Anteil am Gelingen der Untersuchung hatten die Herren cand. rer. soc. oec. J. SAGEDER und W. CHMEL-GREGORA. Herr SAGEDER wirkte an der gesamten Untersuchung von Anfang an mit, wobei er vor allem an der Organisation des Interviewer-Einsatzes, an der Kodierung und an der Datenbearbeitung beteiligt war. Herr CHMEL-GREGORA war allein verantwortlich für die wegen der Fülle der Daten und der gewünschten mehrdimensionalen Analysen zum Teil sehr schwierige Programmierung sowie für die Datenorganisation und Tabellierung. Die Datenverarbeitung erfolgte auf der IBM 1130 der Hochschule für Sozial- und Wirtschaftswissenschaften Linz. Gedankt sei ferner Herrn cand. rer. soc. oec. W. ABL für die gewissenhafte Arbeit bei der Tabellenbearbeitung und bei den statistischen Berechnungen.

Vor allem gilt mein Dank allen Firmen, die während der Arbeitszeit die Befragungsaktion durch ihr Entgegenkommen und durch ihre Aufgeschlossenheit ermöglichten.

Danken möchte ich auch allen Kontaktpersonen und Interviewern für ihre zuverlässige Arbeit und last not least allen Befragten, ohne deren Bereitwilligkeit und Offenheit die vorliegende Untersuchung nicht möglich gewesen wäre.

Linz, im Dezember 1971 WALTER F. NEUBAUER

Inhaltsverzeichnis

Seite

Seite

Dritter Teil

Ergebnisse der Befragung

Erster Teil

Gegenstand und Fragestellung der Untersuchung

Es ist eine bemerkenswerte Tatsache, daß bis in die jüngste Vergangenheit die Angestellten als Gegenstand einer empirischen sozialwissenschaftlichen Forschung angesichts ihrer bevölkerungspolitischen und wirtschaftlichen Bedeutung unterrepräsentiert sind, zumindest im Vergleich mit der Arbeiterschaft. Dies ist umso erstaunlicher, wenn man die historische Entwicklung des prozentuellen Anteils der Angestellten an den unselbständig Beschäftigten als Kriterium für ihre wirtschaftliche Bedeutung heranzieht: während nach F. CRONER [1962 (b), S. 223 f.] der prozentuelle Anteil der Angestellten an den Arbeitnehmern Österreichs 10,9 % im Jahre 1910 betrug (umgerechnet auf das heutige Bundesgebiet, jedoch ohne Burgenland), steigerte sich der Anteil der Angestellten von 21,7 % im Jahre 1934 auf 32,0 % im Jahre 1951 (gesamtes Bundesgebiet). Dieser Trend setzte sich auch in den letzten Jahren deutlich fort. So belief sich der Anteil der Angestellten einschließlich der öffentlich Bediensteten im Jahre 1959 für Österreich auf 35,1 % und steigerte sich dann sukzessive auf 41,6 % im Jahre 1968 (vgl. Wirtschaftsstatistisches Handbuch 1968, S. 89 f.).
Eine analoge Entwicklung ist auch für Oberösterreich zu beobachten; hier erfolgte eine Steigerung des Anteils der Angestellten von 29,9 % im Jahre 1959 auf 37,2 % der unselbständig Beschäftigten im Jahre 1968 (vgl. Wirtschaftsstatistisches Handbuch 1968, S. 86 f.), wobei sich für die weiblichen Angestellten im Vergleich zu den männlichen Angestellten wesentlich höhere Steigerungsraten beobachten lassen.

Die Anzahl der empirischen Untersuchungen, die sich mit der allgemeinen Situation der Angestellten befassen, stehen jedoch eher in einem Mißverhältnis zur anwachsenden volkswirtschaftlichen und gesellschaftspolitischen Bedeutung der Angestelltenschaft. Trotzdem sind hier einige Meilensteine wissenschaftlicher Erforschung der Angestelltenschaft zu nennen. POTTHOFF (Handwörterbuch der Staatswissenschaften, S. 1208f.) erwähnt als eine der ersten Untersuchungen einige Erhebungen aus Österreich, z. B. die Erhebung über die Standesverhältnisse der Privatangestellten von 1896, die zu den Vorarbeiten des im Jahre 1906 verabschiedeten österreichischen Gesetzes über die „Pensionsversicherung der in Privatdiensten und einiger in öffentlichen Diensten Angestellten" gehören. In der Folgezeit lassen sich dann nach NEULOH im deutschen Sprachraum drei Wellen sozialwissenschaftlicher Veröffentlichungen über den Angestellten unterscheiden:

1. In der Zeit vor dem ersten Weltkrieg beginnt die eigentliche Untersuchung der Privatangestellten i. e. S., vor allem durch E. LEDERER (1912), H. POTTHOFF und R. WOLDT (1911).

2. In den 20er Jahren erfolgte dann der Einfluß der zunehmenden quantitativen und qualitativen Bedeutung der Angestelltenorganisationen. Hier sind vor allem die Untersuchungen zu nennen von E. LEDERER und J. MARSCHAK (1926), L. HEYDE und von S. KRACAUER (beide 1930), bei denen es in der Hauptsache um den Nachweis der Uniformität der Angestelltenschaft als Folge der Rationalisierung, Urbanisierung und Proletarisierung geht.

3. Eine soziologische Angestelltenforschung im eigentlichen Sinn beginnt erst etwa Mitte der 50er Jahre durch empirische soziologische Forschung, ausgelöst durch die wachsende Unruhe angesichts der Büroautomation, die den eigentlichen Einzug des technischen Fortschritts in die Sphäre des Angestellten darstellt. Eine intensivere Forschungstätigkeit beginnt jedoch im deutschsprachigen Bereich erst seit 1960, wobei sich die Zielsetzungen der einzelnen Untersuchungen meist auf innerbetriebliche Probleme (Einführung der Büroautomation und dgl.) oder auf den gesamtgesellschaftlichen Standort der Angestelltenschaft beziehen.

Als wichtigste Autoren sind vor allem zu nennen H. P. BAHRDT (1958), H. BÖHRS (1960), D. CLAESSENS, J. FUHRMANN u. a. (1959), F. CRONER (1953, 1962), G. HARTFIEL (1961), H. HOFBAUER (1965), U. JAEGGI und H. WIEDEMANN (1963 und 1966), K. V. MÜLLER (1957), O. NEULOH (1966) und L. NEUNDÖRFER (1961).

Zur näheren Kennzeichnung des Gegenstandes unserer Untersuchung wird nun auf die Soziologie und die Sozialpsychologie des Angestellten näher eingegangen.

I. Soziologie und Sozialpsychologie des Angestellten

Die Angestellten sind innerhalb der Sozialkategorie der Arbeitnehmer durch sozial- und arbeitsrechtliche Bestimmungen klar abgehoben und juristisch eindeutig definiert. Vor allem im Vergleich mit den Arbeitern zeigt sich die rechtliche Sonderstellung der Angestellten etwa bezüglich der Art des Arbeitsentgelts, der Kündigung, bei der Abfertigung, bei Krankheit und Urlaub. Es ist nun zu fragen, von welchen spezifischen Bedingungen sich diese rechtliche Sonderstellung der Angestellten historisch und funktional herleitet.

A. Abriß der geschichtlichen Entwicklung der Angestelltenschaft

Die Angestelltenschaft hat sich erst relativ spät als eigene, fest umrissene Berufsgruppe konstituiert. Während die anderen sozialen Großgruppen, nämlich die Unternehmerschaft und die Arbeiterschaft, bereits zu Beginn des 19. Jahrhunderts entstanden, haben die Angestellten als eigene Sozialkategorie eine relativ kurze Geschichte. Ihr eigentlicher Start als bedeutsame eigene Sozialkategorie liegt etwa 100 Jahre später (Neuloh, S. 27). Der Grund ist darin zu suchen, daß erst im Verlauf der sich entfaltenden *Industrialisierung* immer mehr Tätigkeiten auftauchten und sich dann auch als Berufe zu konstituieren begannen, deren Charakteristika weder mit dem Status des Selbständigen, noch des Beamten oder des Arbeiters im herkömmlichen Sinne übereinstimmten (vgl. Bolte, S. 43).

Im deutschsprachigen Bereich wird — soweit bekannt — seit 1882 zum ersten Mal der Terminus „Angestellte“ in der statistischen Gliederung nach der „Stellung im Beruf“ verwendet (Bolte, S. 43). Erst im Jahre 1892 werden nach Neuloh in den Arbeits- und Betriebsordnungen der Firma Friedrich Krupp die Meister von den Arbeitern getrennt und mit eigenen Ordnungsbestimmungen versehen. Eine endgültige Übernahme als „monatlich fixierte Beamte" erfolgte dort erst 1913. Bei den Büroangestellten im nicht-technischen Bereich ist von einer ähnlichen Entwicklung zu dieser Zeit überhaupt noch nicht die Rede.

Historisch leiten sich die verschiedenen Tätigkeiten und Funktionen des Angestellten ab vom „Handlungsgehilfen" (= Kommis) und vom „Privatbeamten" (vgl. LAKENBACHER). Der Handlungsgehilfe war ursprünglich im kommerziellen Bereich ein Gehilfe des Geschäftsinhabers, der bestimmte Funktionen (Rechnen, Schreiben, Planung) zu erfüllen hatte. Im Zuge der wachsenden *Kommerzialisierung,* d. h. der Ausdehnung des Handels, ergab sich die Notwendigkeit einer Expansion auf diesem Sektor, wobei eine zusätzliche Erweiterung auf den technischen Bereich erfolgte (Meister, Techniker, Konstrukteure usw.). Später als bei den Handlungsgehilfen wird auch die Arbeit der „Privatbeamten", eine Bezeichnung die heute noch in Österreich im Banksektor üblich ist, verändert. Diesen Vorgang bezeichnet man als *Bürokratisierung;* er beinhaltet die Ausdehnung der Verwaltungstätigkeiten zu bürokratischen Apparaten, wobei auch immer mehr Routinepositionen entstehen, die mit mehr Menschen — vor allem mit Frauen — besetzt wurden (vgl. BOLTE, S. 50; BRAUN, 1964, S. 93). Dieser Wandel durch Bürokratisierung der Verwaltungen vollzieht sich vor allem zwischen 1890 und dem ersten Weltkrieg. Erst um die Jahrhundertwende werden die Angestellten durch die zunehmende Industrialisierung und als deren Folge durch die Ausweitung der genannten Funktionsbereiche zu einer Massenerscheinung, die auch dann erst zunehmend politisches Gewicht erhält. Als ein weiterer wesentlicher Prozeß für die Expansion der Angestelltentätigkeiten wird neben der Kommerzialisierung und Bürokratisierung die *Ausdehnung des öffentlichen Dienstes* und der Verwaltungstätigkeiten in allen Bereichen angesehen. Der wachsende Bedarf der öffentlichen Verwaltungen erforderte immer mehr Beschäftigte für solche administrativen Funktionen. Dieser Prozeß begann etwa gegen Ende des ersten Weltkrieges.

Das Bewußtwerden und die Anerkennung von Besonderheiten dieser Tätigkeiten und Funktionen entstanden dabei nicht plötzlich durch ein bestimmtes Ereignis, sondern sie entwickelten sich allmählich aufgrund der Bewertung dieser charakteristischen Tätigkeiten und Funktionen, die nach der „Delegationstheorie“ von F. CRONER als Absplitterung von ursprünglich allumfassenden Unternehmerfunktionen aufzufassen sind [CRONER, 1962 (b), S. 132; vgl. auch LAKENBACHER, S. 20]. CRONER unterscheidet dabei folgende vier Funktionen:

(1) die arbeitsleitende Funktion
(2) die konstruktive bzw. analysierende Funktion
(3) die verwaltende Funktion
(4) die merkantile Funktion

Es handelt sich hier um Funktionen, die nach der Delegationstheorie ursprünglich vom Unternehmer alleine ausgeübt wurden und die im Zuge der Expansion durch fortschreitende Kommerzialisierung und Bürokratisierung eine Delegation auf weitere Personen notwendig machte. Mit dem Anwachsen der Organisationen und damit der Personenzahl erfolgte nun eine zunehmende Differenzierung und Aufgliederung der Tätigkeiten und der Funktionsbereiche, wobei in den unteren Positionen besonders auch durch den Einsatz von technischen Hilfsmitteln die Bedeutung von Fachkenntnissen und Fertigkeiten zumindest partiell abnahm. Ausgelöst durch die personellen Verhältnisse rückten vor allem in den beiden Weltkriegen immer mehr Frauen und Mädchen in die ursprünglich männliche Domäne nach („Feminisierung des Büros“ nach PIRKER), wo sie weitgehend die untersten Positionen besetzten.

Durch die beschriebene Auffächerung der Positionen der Angestelltentätigkeiten ergab sich nun die interessante Tatsache, daß die Angestellten durch die Differenzierung ihrer Funktionen und Positionen eine Zwischenstellung bzw. Verbindung zwischen den Unternehmern und den Arbeitern einnahmen oder nach S. BRAUN (1964) einen „Puffer zwischen Kapital und Arbeit“ (S. 94) darstellen. So kommt es, daß die Angestellten einerseits etwa in der Person eines Top-Managers oder eines leitenden Angestellten eindeutig unternehmerische Funktionen ausüben, während sie andererseits in den niederen Positionen, wie vor allem die Untersuchungen von O. STAMMER und L. NEUNDÖRFER anhand eines mehrdimensional abgeleiteten „Funktionskatalogs" gezeigt haben, einen Funktionsbereich abdecken, der sich mit den Funktionen der Arbeiter in einem ziemlich breiten Bereich überschneidet. Das Ergebnis des beschriebenen Auffächerungsprozesses ist die bekannte breite Merkmalsstreuung bei den Angestellten, die sich vor allem auf die Merkmale der sozialen Herkunft, der Berufsausbildung, des Berufsniveaus und der Höhe des Einkommens bezieht.

Trotz dieser Heterogenität der Zusammensetzung der Angestelltenschaft war jedoch schon immer eine *gemeinsame* ideologische Grundhaltung zu beobachten, insbesondere das Bewußtsein der Zusammengehörigkeit [CRONER, 1962 (b)] und die Bevorzugung des „bürgerlich-individualistischen Leistungsprinzips" (TH. SCHARMANN, 1966 (a), S. 132 f.], das in der Annahme der Existenz einer besonderen individuellen „Lebenschance" [CRONER, 1962 (b)] zum Ausdruck kommt. Aus der Wirksamkeit dieser individualistischen Leistungsmotivation (McCLELLAND; HECKHAUSEN; VONTOBEL) erklärt sich auch die ursprünglich geringe Neigung der Angestelltenschaft zur Solidarisierung und zu konzertierten Aktionen, die erst unter dem Druck gemeinsamer Bedrohung aufgegeben wurde.

Während sich die Angestellten in Österreich nach dem katastrophalen Zusammenbruch in den Jahren nach dem ersten Weltkrieg infolge eines Überangebotes an qualifizierten Arbeitskräften aus den ehemaligen Verwaltungsapparaten der Donaumonarchie einer ungeheuren Bedrohung der Existenz gegenüber sahen und sich vor allem in dieser Zeit zu wirksamen gewerkschaftlichen Organisationen zusammenschlossen (vgl. LAKENBACHER), zeichnet sich eine ähnliche Tendenz zur Solidarisierung bei den Angestellten in den USA, der Bundesrepublik Deutschland und in anderen Ländern erst durch den Einbruch der Datenverarbeitungsanlagen und der Büroautomation ab (vgl. I. HOOS; G. HARTFIEL, S. 205; H. A. RHEE). Die augenblickliche Diskussion in der Bundesrepublik Deutschland zwischen der Interessenvertretung der leitenden Angestellten (ULA) und der Angestelltengewerkschaft (DAG) lassen aber erkennen, daß es trotz der weitgehend gemeinsamen ideologischen Grundhaltung angesichts der genannten Heterogenität der übrigen Merkmale durchaus unterschiedliche Meinungen, Haltungen und Interessenlagen gibt (vgl. MICHAELS). Dieser zweifache

Befund von Gemeinsamkeiten und gleichzeitig gegebenen sozialen Differenzierungen war es auch, der bei den bisherigen Forschungen zum „Problem“ der Angestellten als „neuer Mittelstand“ oder als „Stehkragen-Proletarier“ (LEDERER) u. a. hinsichtlich der Deutung und der Interpretation der Ergebnisse zum Teil erhebliche Schwierigkeiten bereitete.

B. Theoretisches Konzept einer Sozialpsychologie des Angestellten

Bisherige soziologische Untersuchungen hatten vorwiegend die Zielsetzung, festzustellen, inwieweit der sozial- und arbeitsrechtlichen Sonderstellung der Angestellten innerhalb der Arbeitnehmerschaft ein entsprechender sozial relevanter Standort entspricht. Man ging hierbei von bestimmten soziologischen Modellvorstellungen der Gesellschaft bzw. des sozialen Standortes der Angestellten innerhalb der Gesellschaft aus und konfrontierte diese Modelle anhand empirischer Untersuchungen mit der Realität. So geht etwa die *„Klassentheorie“* (S. BRAUN, 1964) von einer dichotomisch strukturierten, d. h. zweigeteilten, Gesellschaft aus, die in Anlehnung an MARX durch die Pole Kapital und Arbeit definiert ist. Eine Erweiterung dieses dichotomischen Ansatzes stellt die *„Schichttheorie“* (E. LEDERER; S. KRACAUER; K. V. MÜLLER u. a.) dar, die von einer drei- oder mehrstufig geschichteten Gesellschaft ausgeht, wobei man die Angestellten gewöhnlich als „Mittelstand“ einstuft. Wegen der fehlenden empirischen Belegbarkeit und Relevanz beider bisher genannten Theorien für die Angestelltenschaft versucht die *„Funktionstheorie“* (O. STAMMER; L. NEUNDÖRFER; G. HARTFIEL) anstelle der Gesellschaftsschichten von einem qualitativ definierten Katalog von Funktionen oder Funktionsgruppen mit zunehmendem Verantwortungsgrad auszugehen. Gemäß der jeweiligen Modell-Vorstellung wird versucht, die Angestellten funktional einzuordnen und das gewonnene Ergebnis einer empirischen Überprüfung zu unterziehen.

Da die meisten Modelle jedoch sehr einfach strukturiert sind und nur sehr wenige Dimensionen berücksichtigen, haben sie im allgemeinen einen geringen Erklärungswert. Häufig kommen diese Forscher jedoch auch als konsequentes Ergebnis ihres Modells zu dem

Schluß, die Eigenständigkeit der Angestellten als soziale Gruppe in Abhebung von anderen sozialen Gruppen, wie etwa den Arbeitern oder Beamten, zu verneinen. Darüber hinaus kann zumeist nicht erklärt werden, wieso die Angestellten bei der vorhandenen Heterogenität hinsichtlich der demographischen Merkmale bei anderen Kriterien eine solche überraschende Ähnlichkeit oder Gleichheit der Reaktion aufweisen. Besonders kritisiert wird dieses beschriebene Vorgehen von CRONER [1962 (b), S. 270 f.], der betont, daß man hierbei von bestimmten Wertungsprämissen (z. B. unterschiedliches Gehalt) als Bestimmungsfaktoren ausgeht, ohne daß dies für die Realität tatsächlich gilt. Man kommt dann notwendigerweise zu dem Schluß, daß die Realität „falsch" ist bzw. daß die Angestellten „falsch" reagieren.

NEULOH (S. 81 f.) versucht diesem Dilemma zu entgehen, indem er ein Konzept der „ideellen und materiellen Zustandsmerkmale der Angestelltenschaft" aufstellt. Tatsächlich bringt er jedoch einen mehr oder weniger systematischen Katalog von empirisch belegten Merkmalen, in denen sich die Angestellten von den Arbeitern unterscheiden (z. B. Bildungsziel, Berufswahl, Berufsausbildung); diese Merkmale bezeichnet NEULOH als „angestelltenspezifisch". Die genannten Merkmale sind aber rein deskriptiv, so daß von einem eigentlich theoretischen Konzept nicht gesprochen werden kann.

Den bisherigen Ansätzen wird hier daher bewußt ein differenziertes *sozialpsychologisches Konzept* als theoretische Fundierung der Untersuchung gegenübergestellt. Es ist orientiert an der Theorie der „sozial-individualen Integration" [TH. SCHARMANN, 1966 (b)] und an den modernen Lern- und Verhaltenstheorien. Das Konzept wird zunächst in einer *allgemeinen* Form entwickelt und dann erst in seiner *speziellen* Formulierung auf die besondere Situation des Angestellten angewendet.

Die *allgemeine* Formulierung dieses theoretischen Konzepts über Determinanten des Verhaltens läßt sich wie folgt kurz skizzieren:

a) Jedes Individuum muß sich vor der Durchführung einer Handlung, sofern die Handlung zweckmäßig sein soll, über die Bedingungen und Umstände der Handlungssituation orientieren. Die Orientierung selbst erfolgt anhand von Reizen (Stimuli), die aufgrund der bisherigen Erfahrungen für die handelnde Person bestimmte spezifische Bedeutungen haben, d. h. im einfachsten Fall

Erfolgs- oder Mißerfolgserwartungen auslösen. Diese Erfahrungen können durch vorherige eigene Handlungen unmittelbar erworben oder mittelbar durch imitatives Lernen (BANDURA und WALTERS; MARMET; STENDENBACH) im Zuge der sozial-individualen Integration [TH. SCHARMANN, 1966 (b)] übernommen sein.

b) In komplexen, subjektiv nicht vollständig überschaubaren Situationen und in Situationen, bei denen eine persönliche, unmittelbare Erfahrung nicht oder noch nicht möglich war, treten im allgemeinen tradierte Orientierungsschablonen in Form von Einstellungen, Vorurteilen, Stereotypen und Images an die Stelle persönlicher Erfahrungen (vgl. R. BERGLER; TH. NEWCOMB; E. ROTH). Diese erworbenen Orientierungsschablonen sind ebenfalls an bestimmte Reize bzw. Objekte gekoppelt und schließen präformierte Bewertungen mit ein.

c) Grundsätzlich zu unterscheiden ist zwischen den *objektiv* gegebenen Sachverhalten, sowie deren Eigenschaften und Auswirkungen, und der *subjektiven* Präsenz dieser Sachverhalte im Individuum in Form von Vorstellungen und Erwartungen einschließlich deren subjektiver Bewertung (z. B. Billigung oder Mißbilligung).

d) Im allgemeinen werden die objektiven Sachverhalte mit ihrer subjektiven Präsenz übereinstimmen, jedoch muß diese Übereinstimmung nicht notwendigerweise gegeben sein. Eine Änderung der individuellen, d. h. subjektiven Vorstellungen und Erwartungen wird nämlich erst dann eintreten, wenn sich die bisherigen Vorstellungen und Erwartungen als „unrichtig", d. h. als nicht brauchbar, herausstellen.

e) Da nun sozialpsychologisch gesehen die Vorstellungen und Erwartungen bei einem bestimmten Individuum für den Partner gleichzeitig ein objektives Faktum darstellen, ergibt sich daraus eine höchst bemerkenswerte, wechselseitige Beziehung zwischen den Individuen, die von ausschlaggebender Bedeutung für die sozialen Interaktionen ist. Wenn sich keine neuen Tatsachen im sozialen Feld ergeben oder gesetzt werden, bleibt das System — zusätzlich unterstützt durch wechselseitige Bestätigung (Verstärkung) — nach Art von kybernetischen Prozessen stabil, d. h. die Vorstellungen und Erwartungen als Regelgrößen des Sozialverhaltens tendieren im allgemeinen zur Beharrung.

f) Verändern sich aus irgendwelchen Gründen die allgemeinen und/oder individuellen Vorstellungen und Erwartungen, dann verändern sich im allgemeinen auch die individuellen Verhaltensweisen und damit die objektiven Gegebenheiten.

Man spricht in diesem Falle von „self-fullfilling prophecy" (K. Merton).

g) Kriterium für eine Beibehaltung oder Veränderung von Vorstellungen, Erwartungen und Verhaltensweisen ist vor allem das subjektive Erlebnis der

— „Brauchbarkeit", d. h. von damit verbundenem Erfolg oder Mißerfolg;
— Häufigkeit des Erfolgseintritts (Verstärkung);
— Höhe der individuellen Wertschätzung eines Erfolges (Valenz);
— Art und Höhe des persönlichen Einsatzes, d. h. der persönlichen Anstrengung zur Erzielung eines bestimmten Erfolges („Effect of Effort" nach Lawrence und Festinger).

Eine Beibehaltung von Vorstellungen, Erwartungen und Verhaltensweisen ist umso wahrscheinlicher, je „brauchbarer" und „nützlicher" sie sind, d. h. je eher sie zur Erreichung von Zielen hoher Wertschätzung bzw. schwieriger Realisierung dienlich sind.

h) Inhaltlich werden die Einstellungen und stereotypen Systeme hinsichtlich ihrer Grundstruktur im Laufe der Sozialisations- und Enkulturationsprozesse [Th. Scharmann, 1963 und 1966 (b); Wurzbacher] durch die Vermittlung der Eltern und Erzieher als Sozialisationsträger gelernt und übernommen. Aus diesem Grunde besteht zusätzlich auch eine langfristige Tendenz zur Beharrung im Sinne der Tradierung auf die nachfolgende Generation.

Dieses sozialpsychologische Konzept beruht auf der allgemeingültigen Annahme, daß erworbene Einstellungen und Verhaltensmuster unter normalen Bedingungen von einem Individuum so lange beibehalten werden, so lange sie in einem gegebenen sozialen System brauchbar, d. h. erfolgversprechend sind. Setzt man nun in dieses allgemeine Konzept die angestelltenspezifischen Fakten und Bedingungen ein, so läßt sich unschwer folgende *spezielle* Formulierung des theoretischen Konzepts für die Situation des Angestellten ableiten:

1. Geht man davon aus, daß ursprünglich der Angestellte Funktionen der Unternehmensführung durchzuführen hatte („Delegationstheorie" nach CRONER), so war für einen Aspiranten eine bestimmte *Qualifikation* notwendig, vor allem

— überdurchschnittliche Intelligenz;

— Fachwissen und Fertigkeiten, wie Rechnen, Schreiben;

— charakterliche Voraussetzungen, wie Bereitschaft zur Ausübung einer verantwortlichen Tätigkeit, Zuverlässigkeit usw.

2. Diese Qualifikation war die objektive Voraussetzung des *Aufgenommenwerdens,* d. h. es bestand eine erhöhte Schwierigkeit für die Aufnahme in den Personenkreis der Angestellten, deren Überwindung die *Valenz* der Mitgliedschaft proportional erhöht (Effekt der Anstrengung; LAWRENCE und FESTINGER). Die Nähe zum Chef und die besondere Vertrauensstellung sowie die Art der auszuführenden Tätigkeiten hatten den Effekt einer Angleichung des äußeren Habitus an den der „höheren" Schichten (E. LEDERER) und einer weniger direkten Kontrolle der Effizienz der ausgeübten Tätigkeit.

3. Diese Stellung zum Chef findet ihren objektiven Niederschlag in bestimmten *arbeits- und sozialrechtlichen Regelungen* (Gehalt u. a.), sowie in den äußeren Merkmalen der „besseren" Kleidung („white collar" nach MILLS) und des Arbeitsplatzes (geheizter, wohnraumähnlicher Arbeitsplatz in separierter, meist ruhiger Lage). Bei allen diesen Merkmalen handelt es sich um Fakten mit hoher sozialer Wertschätzung, aus deren Besitz sich direkt ein hohes *Sozial-Prestige* der Angestellten ableitet.

4. Mit zunehmender „Bürokratisierung" und „Kommerzialisierung" erfolgt eine zahlenmäßige Expansion der Angestelltenpositionen. Obwohl objektiv zwar eine Inflationierung der Angestellten-Eigenschaften infolge der Auffächerung der ursprünglichen Angestelltenfunktionen erfolgt, tritt nun eine *Generalisierung* der bisher mit den Angestellten verbundenen Vorstellungen und Erwartungen auf alle Angestellten, d. h. auf alle Personen mit solchen äußerlich erkennbaren Merkmalen, auf. Es erfolgt also ein Ausstrahlungseffekt auf alle Angehörigen der Angestelltenschaft, soweit diese sich durch äußere erkennbare Zeichen, besonders durch das weiße Hemd der „Berufskleidung", gleichzeitig identisch mit

der Feiertagskleidung, gleichsam als uniformer Bestandteil ausweisen. Dieses Merkmal haben sie jedoch auch mit den Beamten gemeinsam.

5. Es gibt nun aber auch andere *sichtbare Stimuli* mit Prestige-Charakter, die ebenfalls für alle Angestellten, d. h. also auch für die niederen Angestellten, zutreffen.

Zu nennen sind hier vor allem:

— Möglichkeit häufiger Kontaktnahme mit der Unternehmensführung bzw. Firmenleitung und damit verbunden die erhöhte Möglichkeit zu einer persönlichen Bekanntschaft;

— funktionale bzw. „managerielle" Vorgeordnetheit der Angestellten vor den Arbeitern, aus der sich eine tatsächliche oder zumindest psychologisch erlebte Autoritätsteilhabe (Braun, 1964) der Angestellten ableitet: so kommen Arbeitsanweisungen und Lohntüte aus dem Büro (Mills), ebenso werden die Personalangelegenheiten, wie Anstellung, Kündigung usw., im Büro vollzogen.

— Aufgrund der genannten Punkte ergibt sich ein höheres Informationsniveau sowie eine unmittelbarere Information (Verfügbarkeit des Telefons!). Durch diesen hohen Prestigewert der genannten Merkmale sowie durch die sozial- und arbeitsrechtliche Sonderstellung ist es auch zu erklären, daß ein Arbeiter bei gleichem Einkommen ein wesentlich geringeres Ansehen genießt (vgl. die Ergebnisse von Noelle-Neumann, S. 367) oder Arbeiter in das Angestelltenverhältnis übernommen werden möchten, obwohl sie, wie sich in Gesprächen mit Betriebsratsobmännern zeigte, bis zu S 1000 pro Monat weniger Einkommen haben würden.

6. Sofern jemand diese Aufnahmebarriere (Lewin) überwunden hat, übernimmt er nun nicht nur die äußeren Merkmale, sondern ebenfalls das damit verbundene System von spezifischen Vorstellungen und Erwartungen (Fremdbild oder Heterostereotyp der Angestellten), das durch den eigenen Eintritt in die Gruppe der Angestellten zum Autostereotyp wird (vgl. R. Bergler, 1965). Dies bedeutet nichts anderes als eine Identifikation mit dem spezifischen Normensystem [vgl. Th. Scharmann, 1966 (c)]; dieser Vorgang ist ein sozialpsychologisch notwendiger Prozeß und dient

dazu, sich gegen andere Personen („out-group" nach G. SUMNER) zu distanzieren. Konkret erfolgt vor allem eine Distanzierung „nach unten", d. h. gegenüber den Arbeitern. Je weniger sich nun ein Angestellter etwa in unteren Positionen tatsächlich von einem Arbeiter unterscheidet, desto stärker muß er seine Zugehörigkeit zu den Angestellten betonen. Dies erklärt auch die Tatsache, daß sich höhere Angestellte niederer einstufen, niederere Angestellte aber höher einschätzen als es ihrem tatsächlichen Status entspricht. NEULOH spricht in diesem Zusammenhang von einer „Tendenz zur Nivellierung".

7. Bei diesen Vorstellungen und Erwartungen bezüglich eines „typischen" Angestellten, oder anders ausgedrückt beim *Image des Angestellten* handelt es sich um ein hochgradig stereotypes System, d. h. es handelt sich um aufeinander bezogene Vorstellungen und Erwartungen, die als Orientierungsschablonen dem Individuum zur Bewältigung von komplexen und tatsächlich nicht voll überschaubaren Situationen dienen, wobei der Inhalt dieser Vorstellungen bei den einzelnen Individuen im allgemeinen eine geringe Varianz aufweist. So gehören beispielsweise neben den bisher genannten Merkmalen zum Image des Angestellten auch die Annahme einer individuellen „Karriere-Chance" [CRONER, 1962 (b)], quasi als „Marschallstab im Tornister", die objektiv jedoch nachgewiesenermaßen für die wenigsten zutrifft (vgl. BOLTE, S. 60). Ebenso zum Image des Angestellten gehören selbstverständlich die „angestelltenspezifischen Zustandsmerkmale" nach NEULOH.

8. Der Inhalt dieses Vorstellungskomplexes wird nun im Laufe des individuellen Heranwachsens durch Vermittlung der Personen der sozialen Umgebung zu einem Zeitpunkt gelernt, zu dem ein objektiver Aufschluß über die tatsächlichen Gegebenheiten individuell nicht möglich ist. Eine besondere Bedeutung kommt bei diesem Sozialisationsprozeß den Eltern und dem allgemeinen sozialen Hintergrund (social background) zu. Dies bedeutet, daß das Individuum später mit Vorstellungen und Erwartungen an die soziale Wirklichkeit herantritt, die bestenfalls zu einem früheren Zeitpunkt zugetroffen haben. Mithin beinhalten diese Images eine Tendenz zur Beharrung bzw. zur Stabilisierung und Konservierung früherer Zustände. Da sich historisch das Image des Angestellten vom *männlichen* Angestellten ableitet, bestehen — wie noch zu

zeigen sein wird — besondere psychologische Beziehungen mit den stereotypen Systemen „Mann“ und „Frau“. Die Beibehaltung eines solchen Images als Orientierungsgrundlage ist nun umso wahrscheinlicher,

— je wichtiger es für die psychologische Abgrenzung von anderen Personengruppen wird (Homans; Neubauer, 1971) und
— je weniger das eigene Verhalten und das Verhalten der anderen Personen von den Erwartungen abweicht („self-fullfilling prophecy“ nach Merton).

9. Es gibt aber viele verschiedene und auch verschieden stark differenzierte Images als Orientierungsschablonen, die sich auf bestimmte, sozial relevante Personengruppen beziehen, wie z. B. Arbeiter, Beamte, Selbständige und Unternehmer, Akademiker u. a. Mit welchen anderen sozialen Gruppen man sich nun vergleicht, distanziert oder sie anzustreben versucht, hängt vom individuellen Bezugssystem ab (Th. Newcomb), das seinerseits u. a. vom eigenen Status und vom Grad der Leistungsmotivation (McClelland; Heckhausen; Vontobel) bestimmt wird. Die von den soziologischen Forschern betonten Schichtmerkmale sind jedoch nur *eine* Dimension der hier beschriebenen Orientierungsvorgänge.

10. Längsschnittbeobachtungen lassen überdies erkennen, daß sich durch den raschen technischen und wirtschaftlichen Wandel, dem mehr oder minder alle Berufsgruppen und sozialen Schichten in gleicher Weise unterliegen, ein typischer Einstellungskomplex des „Industriebürgers“ (Th. Scharmann, 1970) jenseits bisheriger Schicht- und Sozialstrukturen heranbildet, dessen Auswirkungen einerseits als Nivellierungstendenz (Schelsky) von bislang schichtspezifischen Merkmalen zu beobachten sind, jedoch gleichzeitig die Grundlage für neue soziale Differenzierungsprozesse darstellen. Die idealtypische Ausformung dieses Einstellungskomplexes ist durch hohe Leistungsmotivation, Prospektivität, Flexibilität und Progressivität gekennzeichnet.

Das hier vorgeschlagene sozialpsychologische Konzept läßt sich wie folgt zusammenfassen:

Position, Selbstverständnis und Verhaltensweisen eines Individuums werden in einem sozialen System hauptsächlich durch bestimmte soziale Merkmale und den allgemein damit verbundenen

Vorstellungen, Erwartungen und Wertschätzungen bestimmt. Die Berufsstellung „Angestellter" ist *ein* solches Merkmal, das allen Personen mit der gleichen Berufsstellung zukommt. Damit verbunden ist ein in der Gesellschaft weitgehend stereotypes System „angestelltenspezifischer" Vorstellungen, Erwartungen und Wertschätzungen, die konsequenterweise allen Trägern des Merkmales „Angestellter" gleichermaßen zugeordnet, d.h. gemeinsam sind.

Da jedes Individuum aber Träger weiterer Merkmale wie Geschlecht, Alter, soziale Herkunft, politische Orientierung, Empfänger eines bestimmten Einkommens, Inhaber eines bestimmten Berufsniveaus usw. ist, werden für jedes Merkmal weitere spezifische Vorstellungen, Erwartungen und Wertschätzungen aktiviert,

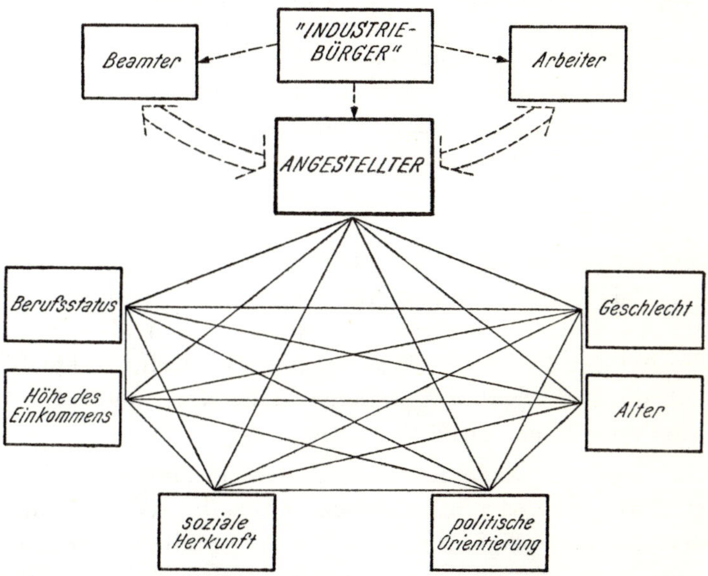

Abb. 1. Interdependenzsystem der mit dem individuellen Merkmal „Angestellter" in Verbindung mit weiteren sozial relevanten Merkmalen aktivierten Sozialstereotype

deren Resultante die tatsächliche individuelle Position innerhalb des sozialen Systems, sowie die damit verbundenen Rollenerwartungen und Verhaltensweisen ist (vgl. Abb. 1).

Eine empirische Untersuchung wird daher diese Mehrdimensionalität zu berücksichtigen haben.

II. Der Angestellte in der industriellen Gesellschaft — Allgemeine und spezielle Fragestellung der Untersuchung

In den folgenden beiden Abschnitten wird auf die allgemeine und spezielle Fragestellung der vorliegenden Untersuchung zur Situation des Angestellten in der industriellen Gesellschaft näher eingegangen.

A. Die allgemeinen Veränderungen des Berufs- und Tätigkeitsbereiches der Angestellten in der modernen Industriegesellschaft

Industrialisierung und Technisierung haben im Zusammenhang mit einer dynamischen Wirtschaft außerordentlich starke Veränderungen und Verschiebungen auch im Tätigkeitsbereich der Angestellten, sowie hinsichtlich ihrer benötigten Anzahl und ihrer strukturellen Zusammensetzung ergeben. Diese Prozesse konnten vor allem in den letzten Jahren beobachtet werden, als mit der sukzessiven Einführung von elektronischen Datenverarbeitungsanlagen (EDV) ein Teil der Angestelltenschaft sich einer völlig neuartigen Situation konfrontiert sah, die entscheidenden Einfluß auf die Art der Tätigkeit selbst, auf die erforderlichen Qualifikationen, auf die Sicherheit des Arbeitsplatzes sowie auf die individuelle Karriere-Chance ausübt.

Die Folge dieser einschneidenden Veränderungen der Beschäftigungsstruktur ist ein permanenter sozialer Wandel, der insbesondere für die soziale Situation der Angestellten von großer Bedeutung ist. Damit verbunden ist eine vielschichtige Problematik, die sich aus der Konfrontation bisheriger individueller Vorstellungen und Erwartungen über das Bild des Angestellten, über die Funktionen und Chancen des Angestellten, über seine erforderliche Ausbildung und Qualifikation, sowie hinsichtlich seines bisher angenommenen sozialen Standortes mit den Gegebenheiten der sozialen Wirklichkeit ergibt. Diese Problematik war auch der Anlaß zu verschiedenen empirischen Untersuchungen, wobei jedoch im allgemeinen sehr spezielle Zielsetzungen gegeben waren. Die Zielsetzungen der wichtigsten bisherigen Untersuchungen lassen sich wie folgt gliedern:

1. Analyse des sozialen Standortes der Angestellten bei Zugrundelegung eines bestimmten Gesellschafts-Modells (STAMMER mit CLAESSENS, FUHRMANN u. a.; NEUNDÖRFER);

2. Untersuchung von speziellen Einstellungen und Meinungen zu betriebsinternen organisatorischen Innovationen; so die Untersuchung von WELTZ zum Großraumbüro oder die Untersuchung von VÖGELI über eine Konstruktionsabteilung;

3. Untersuchung der allgemeinen und speziellen Einstellungen und Erwartungen zur Automation; so vor allem die Untersuchungen von JAEGGI und WIEDEMANN;

4. Untersuchung des Verhältnisses zur Gewerkschaft (vor allem G. HARTFIEL);

5. Untersuchung von „angestelltenspezifischen Zustandsmerkmalen“ (NEULOH), deren Ziel es ist, typische Unterscheidungsmerkmale der Angestellten im Verhältnis zu anderen sozialen Gruppen, insbesondere den Arbeitern, herauszufinden. Diese Befunde sind aber häufig nur Nebenergebnisse von Untersuchungen obengenannter Art.

Gemeinsames Merkmal der bisherigen Untersuchungen ist ihre Beschränkung auf wenige strukturelle Merkmale der Angestellten, ohne daß eine breiter gestreute Erfassung ihrer Lebens- und Arbeitsbedingungen angestrebt worden ist. Die bisherigen, von einer umfassenden Fragestellung ausgehenden Studien und Untersuchungen von TH. SCHARMANN zur „Genealogie des Industriebürgers“, vor allem die Forschungen zur „Lebensplanung und Lebensgestaltung junger Arbeiter“ (1967), erleichterten es, eine inhaltlich ebenfalls breit gestreute Vergleichsuntersuchung zur Lebensplanung und Lebensgestaltung junger Angestellter durchzuführen. Die hier vorgelegte Untersuchung über die Veränderungen in den sozialen Einstellungen und Erwartungen sowohl der Gesellschaft als auch der einzelnen Angestellten geht zwar von der allgemeingesellschaftlichen Problematik der heutigen Angestellten aus, sucht diese aber durch ein verhältnismäßig vielseitiges Spektrum von Einzeldaten sichtbar zu machen. Die Problematik ergibt sich als Folge der wirtschaftlichen und beruflichen Veränderungen in den

Angestelltentätigkeiten. Die Konsequenzen dieser Veränderungen spiegeln sich dann auch mit großer Deutlichkeit in den Ergebnissen unserer Befragung von jungen Angestellten beiderlei Geschlechts, die im Jahre 1970 im Raum Oberösterreich durchgeführt wurde.

B. Lebensplanung und Lebensgestaltung junger Angestellter

Die *Fragestellung* der vorliegenden Untersuchung basiert auf dem beschriebenen theoretischen Konzept und versucht, eine Reihe von relevanten Komplexen der Lebensplanung und Lebensgestaltung junger Angestellter zu erfassen, wobei nach Möglichkeit gleichzeitig eine Vergleichbarkeit mit den Ergebnissen anderer Untersuchungen gewährleistet sein sollte.

Bei der Bestimmung des zu untersuchenden Personenkreises wurde davon ausgegangen, daß sich eine Veränderung der allgemeinen und speziellen individuellen Einstellungen und Verhaltensweisen infolge des Wandels in wirtschaftlicher, gesellschaftlicher und arbeitstechnischer Hinsicht am deutlichsten bei jungen Angestellten abzeichnen würde, da hier kaum mit Verfestigungsprozessen zu rechnen ist. Andererseits lassen sich gerade auch bei jungen Angestellten das Ausmaß und die Richtung möglicher Veränderungen im Vergleich mit den Ergebnissen früherer Untersuchungen vor allem im Hinblick auf die Bedeutung für die zukünftige Entwicklung gut abschätzen. Eine weitere Überlegung zur näheren Abgrenzung des zu untersuchenden Personenkreises bestand darin, solche Personen für die Befragung auszuwählen, für die ein hoher Aktualitätsgrad dieser Problematik zu erwarten war. Da ein hoher Aktualitätsgrad erst nach Beendigung der Berufsausbildung, d. h. nach ausreichender Konfrontation mit dem eigentlichen Berufsleben zu vermuten ist, wurden als Zielgruppe, unter Berücksichtigung der übrigen genannten Gründe, männliche und weibliche Angestellte im Alter zwischen 20 und 30 Jahren festgelegt.

Die *generelle* Fragestellung der vorliegenden Untersuchung bezieht sich auf eine möglichst breite Erfassung von Vorstellungen, Erwartungen, Einstellungen und Verhaltensweisen junger Angestellter sowohl berufsspezifischer als aber auch außerberuflicher Art. Die *spezielle* Zielsetzung unserer Fragestellung ist der Versuch einer

Analyse und Interpretation der gegenwärtigen und zukünftigen Lebens- und Entwicklungschancen dieser Berufsgruppe.
Im einzelnen bezog sich die Fragestellung auf folgende Fragenkomplexe:

1. Verhältnis zur eigenen Berufstätigkeit und Berufszufriedenheit
2. Neigung zu beruflicher Mobilität
3. Bewertung von Faktoren des Tätigkeitsumfeldes
4. Individuelle Leistungsmotivation
5. Einstellung zur Berufstätigkeit der Frau
6. Einstellung gegenüber der Frau als Vorgesetzten
7. Soziales Selbstverständnis, vor allem Abgrenzung gegenüber den Beamten
8. Gesellschaftsbild
9. Politisches Engagement
10. Verhältnis zu den Interessenvertretungen Gewerkschaft und „Arbeiterkammer“*
11. Zukunftserwartungen und Einstellung gegenüber der Automation
12. Finanzielle Verhältnisse
13. Freizeitinteressen

Die Fragestellung sollte nach Möglichkeit insbesondere auch eventuell vorhandene geschlechtsspezifische Unterschiede in den genannten Merkmalsbereichen berücksichtigen. Gelegentlich werden zum Vergleich sowohl empirisch gesicherte Ergebnisse anderer Angestelltenuntersuchungen als auch Ergebnisse sozialwissenschaftlicher Erhebungen über andere Gesellschafts- und Berufsgruppen herangezogen, um die Sonderstellung oder aber gerade auch die Konformität der jungen Angestellten innerhalb der heutigen Industriegesellschaft unter Bezugnahme auf das spezielle theoretische Konzept zu akzentuieren.

---

* „Arbeiterkammer“ ist eine Kurzfassung von „Kammer für Arbeiter und Angestellte“ als die gesetzliche Interessenvertretung der Arbeitnehmer in Österreich. Eine nähere Erläuterung wird auf S. 79 gegeben.

Zweiter Teil

Stichprobe und Methode

I. Stichprobe

Nach grundsätzlichen Überlegungen wurde davon ausgegangen, für die Untersuchung eine Stichprobe von 500 Angestellten beiderlei Geschlechts im Alter von 20 bis 30 Jahren in Oberösterreich zu verwenden. Aus erhebungstechnischen und organisatorischen Gründen wird dabei der Begriff des „Angestellten" im Sinne des geltenden österreichischen Arbeitsrechtes definiert.

Da auf Grund der verfügbaren finanziellen Mittel keine Zufalls-Auswahl (random-sample) herangezogen werden konnte, mußte als Alternative auf eine *Quoten-Auswahl* zurückgegriffen werden. Der Vorteil einer Zufallsstichprobe besteht darin, daß bei einer entsprechenden Wahl der Grundgesamtheit sowie der Auswahltechnik alle Merkmale in repräsentativer Art auch bei der gezogenen Stichprobe variieren müssen, wodurch eine zahlenmäßige Hochrechnung auf die Grundgesamtheit möglich ist. Im Vergleich dazu können bei einer Quotenauswahl nur einige Merkmale kontrolliert und auf die zahlenmäßigen Verhältnisse dieser Merkmale in der Grundgesamtheit abgestimmt werden; die Variation aller übrigen Merkmale kann jedoch hierbei nicht kontrolliert werden. Aus diesem Grund ist im allgemeinen eine Hochrechnung, d. h. ein quantitativer Schluß (z. B. Übertragung von Prozentwerten) auf die Grundgesamtheit, aus der die Stichprobe gezogen wurde, nicht zulässig [vgl. SCHEUCH, 1967 (b); HEYN]. Wie eine Untersuchung von G. SCHMIDTCHEN (1961) zeigte, ist aber bei einer entsprechenden Kontrolle der Quotierungs-Merkmale, vor allem ihrer Kombination, eine angenäherte Repräsentativität zu erzielen. Unter

Berücksichtigung unserer speziellen Fragestellungen zur Erfassung stereotyper Vorstellungs- und Erwartungskomplexe besteht eine sehr große Wahrscheinlichkeit, alle bedeutsamen Aspekte zu erfassen, auch wenn bei eventuell fehlender Repräsentativität der Stichprobe keine sichere Aussage über die Verteilung dieser Merkmale in der Grundgesamtheit gemacht werden kann. Qualitative Aussagen, d. h. Aussagen über die Art vorhandener Meinungen, Einstellungen usw., sind aber auf jeden Fall auch bei einer Quotenauswahl möglich. Überdies wurde bei der vorliegenden Erhebung durch die Verwendung von kombinierten Quotierungsmerkmalen nach Möglichkeit Repräsentativität angestrebt, wobei außerdem bei der Auswertung der Ergebnisse durch mehrdimensionale Analyse der Daten der statistische Einfluß einer möglichen Verzerrung bei relevanten Quotierungsmerkmalen kontrolliert wurde.

Nach der Entscheidung des statistischen Auswahlverfahrens wurde der auszuwählende Personenkreis näher festgelegt. Ausgehend von unserer spezifischen Fragestellung erfolgte eine Einschränkung auf die Wirtschaftszweige „Verarbeitende Gewerbe und Industrien“ und „Dienstleistungen“ unter Berücksichtigung ihres zahlenmäßigen Anteils an der Gesamtzahl der Angestellten in Oberösterreich sowie auf Grund ihrer angestelltenspezifischen Wachstumsraten in den letzten Jahren. Beim Wirtschaftszweig „Dienstleistungen“ wurde aus den angegebenen Gründen weiter eingeschränkt auf die Betriebsklassen „Handel“ und „Geldverkehr, Privatversicherung“ (vgl. Wirtschaftsstatistisches Handbuch 1968, S. 99).

An Hand einer Statistik des Landesarbeitsamtes für Oberösterreich (Krankenkassenerhebung, Februar 1969) erfolgte nun eine Berechnung der Quoten nach Wirtschaftszweig, Betriebsklasse, Geschlecht und Standort. Die so errechneten Quoten bildeten die Grundlage für den weiteren Auswahlvorgang, bei dem die einzelnen Firmen und die anteilmäßigen Quoten festgelegt wurden.

Da die Alterskategorie, das Einkommen (als Indikator der beruflichen Position) und die Parteipräferenz als Quotierungsmerkmal in den vorhandenen Statistiken als Merkmal nicht berücksichtigt sind, war es notwendig, bezüglich dieser Merkmale eine systematische Streuung anzustreben. Da die Kontaktpersonen, die für die Bereitstellung der zu befragenden Personen bei den betreffenden

Firmen verantwortlich waren, häufig mit der Gewerkschaft bzw. Arbeiterkammer in Verbindung standen, war es notwendig, zur Vermeidung von groben systematischen Fehlern genaue Auswahl-Instruktionen festzulegen. In der Regel bekam jede Kontaktperson genau Anweisungen über

— Firma;
— Anzahl der männlichen und weiblichen Angestellten einschließlich Berufsniveau und Altersklasse als kombinierte Quotierungsmerkmale;
— Berücksichtigung der vermutlichen Parteipräferenz.

Wie sich zeigte, trat trotz dieser Vorsichtsmaßnahmen und der bewußten Streuung der Parteipräferenz beim Interviewerstab zur Vermeidung von systematischen Interviewereinflüssen im Gesamtergebnis bei der Stichprobe ein recht hoher Prozentsatz einer Mitgliedschaft bei der SPÖ auf, der vermutlich überhöht ist. Diese Tatsache wird jedoch bei der Auswertung durch die Trennung nach Parteipräferenz kontrolliert.

Insgesamt wurden 510 Interviews durchgeführt, von denen 14 wegen Unvollständigkeit der Angaben ausgeschieden werden mußten. Somit verbleiben für die statistische Analyse 496 Befragte, davon 282 männliche und 214 weibliche Angestellte. In Tab. 1 sind die Verteilungen für die Merkmale Alter, Familienstand, Berufsniveau und Schulbildung, getrennt nach Geschlecht angegeben.

Tabelle 1. *Geschlecht und Alter, Familienstand, Berufsniveau, Schulbildung*
a) *Geschlecht und Alter*

Alter	Geschlecht männlich *f**	Geschlecht männlich %	Geschlecht weiblich *f**	Geschlecht weiblich %	Gesamt *f**
18—19 Jahre	3	1,1	2	0,9	5
20—21 Jahre	24	8,5	52	24,3	76
22—23 Jahre	50	17,7	59	27,6	109
24—25 Jahre	58	20,6	38	17,8	96
26—27 Jahre	49	17,4	27	12,6	76
28—29 Jahre	58	20,6	23	10,7	81
30—31 Jahre	35	12,4	12	5,6	47
32—33 Jahre	4	1,4	—	—	4
34—35 Jahre	1	0,4	1	0,5	2
	282	100,1	214	100,0	496

* *f* = absolute Häufigkeit

b) *Geschlecht und Familienstand*

Familienstand	Geschlecht männlich f*	%	weiblich f*	%	Gesamt f*
ledig	112	39,7	108	50,5	220
verheiratet	164	58,1	97	45,3	261
geschieden, verwitwet	5	1,8	9	4,2	14
keine Angabe	1	0,4	—	—	1
	282	100,0	214	100,0	496

c) *Geschlecht und Berufsniveau*

Berufsniveau	Geschlecht männlich f	%	weiblich f	%	Gesamt f
(1) Hilfstätigkeiten	9	3,2	34	15,9	43
(2) Ausführende Tätigkeiten	179	63,5	170	79,4	349
(3) Untere Leitung	48	17,0	8	3,7	56
(4) Mittlere Leitung	46	16,3	2	0,9	48
	282	100,0	214	99,9	496

d) *Geschlecht und Schulbildung*

Schulbildung	Geschlecht männlich f	%	weiblich f	%	Gesamt f
Volks- und Hauptschule	11	3,6	13	6,1	24
Berufsschule, Fachschule, Handelsschule	191	67,9	179	83,5	370
Matura, (einschließlich Handelsakademie und Höhere Technische Lehranstalt)	65	23,1	17	8,0	82
abgeschlossenes Studium	15	5,3	4	1,9	19
keine Angaben	—	—	1	0,5	1
	282	99,9	214	100,0	496

Der Altersbereich streut schwerpunktmäßig zwischen 20 und 31 Jahren, wobei 5 Befragte unter und 6 über diesem Bereich liegen. Für alle Befragten ergab sich ein Mittelwert von 25,02 Jahren, für die männlichen Befragten von 25,8 Jahren und für die weiblichen Angestellten von 24,0 Jahren. Dieser Unterschied zwischen den Geschlechtern ist sehr signifikant und stimmt mit dem Befund überein, daß die befragten weiblichen Angestellten häufiger unverheiratet sind.

Die drei-dimensionale Analyse von Geschlecht und Familienstand unter Kontrolle des Alters ergab zwar für beide Geschlechter eine positive Korrelation zwischen Alter und Heirat, jedoch ist

Tabelle 2. *Monatseinkommen (Brutto, ohne Nebeneinkünfte), zusammengefaßt nach größeren Intervallen*

in S	Geschlecht männlich *f*	Geschlecht weiblich *f*	Gesamt *f*
bis 2100	4	6	10
bis 2500	5	14	19
bis 2900	9	35	44
bis 3300	18	43	61
bis 3700	23	39	62
bis 4100	31	23	54
bis 4500	35	19	54
bis 4900	23	17	40
bis 5300	30	9	39
bis 5700	26	3	29
bis 6100	12	2	19
bis 6500	23	—	23
bis 6900	12	2	14
bis 7300	10	—	10
bis 7700	10	1	11
über 7700	10	1	11
keine Angabe	1	—	1
	282	214	496

diese Korrelation bei den Frauen wesentlich geringer, da die Frauen offensichtlich bald nach Verheiratung aus dem Erwerbsleben ausscheiden (vgl. Österreichischer Familienbericht 1969, S. 70f.; NEUNDÖRFER, S. 85).

Die Einteilung der Befragten nach Berufsniveau erfolgte in Anlehnung an ähnliche Klassifikationen bei NEUNDÖRFER (S. 95) und bei HARTFIEL (S. 67). Die bei unserer Stichprobe gefundene Merkmalsstreuung hinsichtlich des Berufsniveaus dürfte ebenso wie die Verteilung der Schulbildung für die tatsächlichen Verhältnisse repräsentativ sein. So werden von weiblichen Angestellten nach NEUNDÖRFER vor allem solche betrieblichen Funktionen ausgeübt, „die man als die ausführende Breitenarbeit ohne dispositive Zuständigkeit bezeichnen kann", wobei „fast die Hälfte aller weiblichen Angestellten Hilfstätigkeiten im Bereich des betrieblichen Ordnungshaltens verrichtet" (S. 78). Entsprechend haben die männlichen Angestellten unserer Stichprobe auch eine signifikant bessere Schulbildung als die Frauen ($p < 0{,}01$).

Die Einkommensverteilung (Tab. 2) streut über einen sehr weiten Bereich ziemlich gleichmäßig, wobei sich allerdings ein sehr signifikanter Unterschied für das mittlere Monatseinkommen (brutto) in bezug auf das Geschlecht ergibt, nämlich S 4914,94 für die Männer, und S 3554,67 für die Frauen.

II. Methode

Die Erhebung erfolgte anhand eines standardisierten, persönlichen Interviews. Die Konstruktion des Fragebogens, die Planung und die Durchführung der Erhebung werden im Folgenden kurz dargestellt.

A. Entwicklung des Fragebogens

Zu den einzelnen, speziellen Fragestellungen wurden zunächst eine Reihe von Hypothesen aufgestellt, die dann unter Berücksichtigung des Fragebogens der Jungarbeiterbefragung von TH. SCHARMANN (1967) und anderer einschlägiger Untersuchungen, vor allem der empirischen Arbeiten von DALE (1962), HANHART (1964), JAEGGI und WIEDEMANN (1966), sowie VÖGELI (1966), operationalisiert wurden. Hierbei wurden die Hypothesen zunächst in sogenannte „Programm-Fragen" umformuliert, die dann erst in eine für den Fragebogen geeignete Form gebracht wurden. Diese Sammlung von operationalisierten Fragen wurde nun zu einem ersten Entwurf des Fragebogens zusammengestellt. Es zeigte sich, daß bei der nachfolgenden Bearbeitung nach fragebogenlogischen und befragungstechnischen Gesichtspunkten (Einführung von Listenfragen, Index-Bildung, Skalen) eine Reihe von Fragen in offener Form gestellt werden mußten, da nur auf diese Weise die Fülle der einzubeziehenden Fragestellungen unter Vermeidung einer nicht vertretbaren Überlänge des Fragebogens bewältigt werden konnte. Die Art der Operationalisierung der einzelnen Fragenkomplexe ist im Ergebniskapitel (dritter Teil) jeweils kurz dargestellt.

Nach mehreren Fragebogenentwürfen, die in der Zeit von September bis einschließlich Oktober 1969 diskutiert und erstellt wurden, erfolgte in der Zeit vom 9. 11. bis 9. 12. 1969 eine *Probebefragung* durch besonders geübte Interviewer und durch die Angehörigen des Leitungsteams. Insgesamt wurden 23 Interviews mit systematisch ausgewählten Personen (Wirtschaftszweig, Betriebsklasse, Alter, Geschlecht und Berufsniveau) durchgeführt. Nach Auswertung dieser Probebefragung im Hinblick auf fragebogenlogische und befragungstechnische Schwierigkeiten wurde dann im Jänner 1970 der endgültige Fragebogen zusammengestellt, der dann auch der Hauptbefragung zugrunde gelegt wurde. In dieser Endfassung des Fragebogens wurden alle Fragen noch einmal überarbeitet, wobei alle Fragen hinsichtlich ihrer Brauchbarkeit anhand der Erfahrungen bei der Probebefragung überprüft und gegebenenfalls ausgeschieden bzw. durch bessere Frageformulierungen ersetzt wurden (vgl. Anhang II).

B. Interviewerstab

Bei der Auswahl des Interviewerstabes wurde auf die Streuung der demographischen Merkmale der Interviewer größter Wert gelegt, um systematische Interviewer-Fehler nach Möglichkeit auszuschließen [vgl. Scheuch, 1967 (a)]. Der Interviewerstab setzte sich etwa zur Hälfte aus Studenten der Sozial- und Wirtschaftswissenschaften und aus Berufstätigen im Alter von 19 bis 35 Jahren zusammen. Im Hinblick auf die besondere Fragestellung unserer Untersuchung wurde vor allem auch große Bedeutung auf die Zusammensetzung des Interviewerstabes nach Geschlecht und nach Parteipräferenz gelegt, wobei auf eine annäherungsweise Gleichverteilung geachtet wurde.

Alle Interviewer wurden einem zweitägigen Intensivtraining unterzogen (24./25. 1. 1970), das sich aus folgenden Teilen zusammensetzte:

- allgemeine Einführung in die Interviewtechnik mit Übungen;
- Einführung in den Fragebogen der Untersuchung einschließlich der verwendeten Skalierungsverfahren;

— Training am Fragebogen mit einem sogenannten „Tölpel-Interview": jeder Teilnehmer hatte den Trainingsleiter zu befragen, der seinerseits versuchte, alle möglichen Schwierigkeiten und Fehler der bevorstehenden Felduntersuchung naturgetreu darzustellen;
— Durchführung eines Standard-Interviews, bei dem die Interviewer mitprotokollieren mußten; aufgrund dieser Leistung wurde der endgültige Interviewerstab ausgewählt.

Dieses umfangreiche Training war deshalb notwendig, da durch den hohen Anteil von „offenen" Fragen, d. h. von Fragen ohne vorgegebene Antwortkategorien, eine erhöhte Gefahr für bewußte oder auch unbewußte Interviewereinflüsse bestand.

Die Interviewer wurden auch während der späteren Hauptbefragung ständig überwacht, wobei insbesondere auch die während der Befragungsaktion sofort abzuliefernden Interviews eingehend auf Vollständigkeit und Genauigkeit überprüft wurden. Bis auf wenige Ausnahmefälle von besonders geübten Interviewern wurde die Anzahl der von einer Person durchzuführenden Interviews außerdem auf 15 beschränkt.

C. Durchführung der Erhebung

Die Hauptbefragung, bei der zunächst 489 Interviews durchgeführt werden konnten, erfolgte in der Zeit vom 5. 2. bis 5. 3. 1970. Dieser Termin wurde mit Bedacht deshalb so gewählt, da in dieser Zeit bei der Grundgesamtheit weder größere Ausfälle durch Urlaub oder sonstige Verhinderungen, noch jahreszeitbedingte Spitzen des Arbeitsanfalles zu befürchten waren.

Alle Interviews konnten durch das Entgegenkommen der Firmen während der Arbeitszeit in einem meist dafür zur Verfügung gestellten, abgetrennten Raum durchgeführt werden. Auf eine Durchführung der Interviews während der Arbeitszeit der Befragten wurde großer Wert gelegt, da durch die im Vergleich zu den üblichen Interviews gegebene Überlänge (durchschnittliche Dauer 70 bis 90 Minuten) ein Nachlassen der Aufmerksamkeit und damit auch der Genauigkeit und Gültigkeit der Aussagen des Befragten zu befürchten gewesen waren. Zudem bot sich durch diese Art der

Befragungsorganisation eine erhöhte Kontrollmöglichkeit zur Überwachung der Tätigkeit der Interviewer.

Die Nachbefragung zur Vervollständigung nicht stattgefundener oder nicht brauchbarer Interviews fand in der Zeit vom 20. 3 bis 14. 4. 1970 statt.

D. Verarbeitung und Auswertung der Daten

Alle eingelangten Interviews wurden sofort auf Vollständigkeit überprüft und der Nummer nach sortiert. Nachdem insgesamt 510 Interviews verfügbar waren, mußten wegen fehlender Vollständigkeit oder wegen begründeter Zweifel an der Richtigkeit im Ganzen 14 Interviews ausgeschieden werden, so daß schließlich eine Gesamtzahl von 496 Befragten in die Analyse einbezogen wurde.

Als erster Schritt einer Datenbehandlung erfolgte die Vorbereitung zur Kategorisierung der offenen Fragen, d. h. aller jener Fragen, bei denen keine Antwortkategorien vorgegeben waren. In einem solchen Fall muß man Kategorien nachträglich anhand des empirisch gewonnenen Materials herausarbeiten. Zu diesem Zweck wurde nach dem Schlußziffernverfahren (d. h. nach der letzten Ziffer der Nummer des Interviews) eine Zufalls-Stichprobe von 100 Interviews gezogen. Für diese wurden nun, jeweils getrennt nach den einzelnen zu bearbeitenden offenen Fragen, alle gegebenen Antworten aufgeschrieben und in einem zweiten Arbeitsgang nach erkennbaren Hauptkategorien zusammengefaßt. Die auf diese Weise gewonnenen Kategorien wurden dann jeweils für die Verschlüsselung der Daten der betreffenden Frage und für die Kennzeichnung der Antworten in den entsprechenden Tabellen zugrunde gelegt.

Da bei offenen Fragen in der Regel von jedem Befragten mehrere Nennungen gegeben wurden, sind die betreffenden Tabellen mit dem Zusatz „Mehrfachnennungen möglich“ versehen; die Gesamtanzahl der Nennungen zu einer solchen Frage ergibt dann auch einen Wert über 100 %. Da in einem solchen Fall die Korrelationen zwischen den einzelnen Antwortkategorien nicht bekannt sind, ist eine additive Zusammenfassung von einzelnen Kategorien nicht zulässig.

Im Anschluß an die Kodierung der offenen Fragen wurde ein Gesamt-Kodierungsplan zur Verschlüsselung aller Daten aufgestellt und es erfolgte in den Monaten April bis Juni 1970 die Verschlüsselung aller gewonnenen Daten auf Schemablätter (Abloch-Belege).

Die Verlochung der gesamten Daten erfolgte im Juli 1970; es wurden hierbei insgesamt 780 Merkmale pro Person verlocht mit insgesamt etwa 450000 Lochungen. Die Datenverarbeitung erfolgte auf einer IBM 1130 der Hochschule für Sozial- und Wirtschaftswissenschaften in Linz. Aufgrund des überaus großen Datenbestandes ergaben sich bei der Datenorganisation und Programmierung zum Teil nicht zu unterschätzende Schwierigkeiten, die aber in verdienstvoller Weise gelöst werden konnten.

Die Gesamtauswertung der Daten und die Erstellung von linearen, zwei- und teilweise drei-dimensionalen Tabellen, sowie ihre statistische Bearbeitung wurden in der Zeit von September bis Dezember 1970 durchgeführt.

Bei der Analyse und bei der Interpretation der zahlenmäßigen Ergebnisse werden die folgenden zwei Kriterien zugrunde gelegt (vgl. H. H. Hyman, 1955):

1. Konsistenz

Alle Teilergebnisse werden auf ihre Stimmigkeit oder Konsistenz miteinander verglichen, wobei das theoretische Konzept als Grundlage der Konsistenzprüfung dient. Diese Konsistenzprüfung bezieht sich aber nicht nur auf die innere Stimmigkeit (interne Konsistenz) der Daten selbst, sondern insbesondere auch auf die Übereinstimmung mit den Ergebnissen von vergleichbaren Untersuchungen. Auf diese Weise bleiben solche Ergebnisse unberücksichtigt, die durch reine Zufallseinflüsse oder durch nicht-systematische Fehler, d. h. durch solche Fehler, die nicht das gesamte Datenmaterial durchgängig beeinflußt haben, verursacht werden.

2. Statistische Signifikanz

Durch bestimmte Verfahren, die auf Annahmen der Wahrscheinlichkeitstheorie beruhen, ist es möglich, die statistische Signifikanz von Ergebnissen zu berechnen. Als Ergebnis dieser Berechnungen erhält man die Höhe des Zufallseinflusses, ausgedrückt in Prozentwerten. Diese Werte geben an, in wieviel Prozent der Fälle (d. h. von gleichen Untersuchungen) ein solches Ergebnis allein durch Zufall zustande gekommen wäre. Üblicherweise gibt man die Signifikanzgrenze bei einem Niveau von 5% ($p = 0{,}05$) oder 1% ($p = 0{,}01$) an, wobei man sinngemäß von signifikanten oder sehr signifikanten Ergebnissen spricht. Bei der Darstellung der Ergebnisse wird das Signifikanzniveau jeweils in Klammern angegeben. Bei vorhandener Konsistenz der Ergebnisse werden auch noch solche Befunde als „Tendenzen“ erwähnt, die im Bereich zwischen 5 % und 10 % Zufallswahrscheinlichkeit liegen.

Die Analyse der Daten erfolgte zumeist anhand von zweidimensionalen Tabellen, wobei auch hier eine systematische Beschränkung notwendig war, da bereits aufgrund der Fülle des Materials die Bildung von etwa 32 000 Auszählungen bivariabler Art möglich gewesen wäre.

Da bei der dreidimensionalen Auszählung bei unserer Stichprobengröße zu kleine Häufigkeiten auftraten, bei denen eine Signifikanzberechnung nicht mehr möglich ist, wurde bis auf wenige Ausnahmen zur Beschreibung der Stichprobe von solchen Auszählungen Abstand genommen. Entsprechend den Forderungen unseres theoretischen Konzeptes wurde jedoch der Einfluß der nachfolgenden fundamentalen Merkmale auf die wichtigsten Variablen untersucht:

— Geschlecht
— Alter
— Familienstand
— eigenes Berufsniveau
— Beruf des Vaters (als Indikator für soziale Herkunft)
— Parteipräferenz

Das Merkmal „Parteipräferenz“ wurde vor allem deshalb in die Analyse mitaufgenommen, damit der vermutete systematische Fehler bei der Stichprobenauswahl durch die Kontrolle des statistischen Einflusses dieses Merkmales bei der Interpretation der Ergebnisse berücksichtigt werden konnte.

Bei der Darstellung der Ergebnisse wird allerdings nur dann auf diese genannten Merkmale eingegangen, wenn eine statistisch gesicherte Beziehung mit der betreffenden Variablen festgestellt werden konnte.

Folgende statistische Verfahren zur Signifikanzberechnung von Ergebnissen fanden Verwendung:

a) Zur Untersuchung von Klassenhäufigkeiten bzw. deren Zusammenhang wurde r_{phi} oder bei größeren Tabellen das Chi-Quadrat über die bivariable Häufigkeitsverteilung berechnet. Im Hinblick auf eine bessere Schätzung des Zusammenhangs wurde das Chi-Quadrat auch häufig in einen nach HOFSTÄTTER und WENDT korrigierten Kontingenz-Koeffizienten ($= C_{cor}$) umgerechnet.

b) Für die Untersuchung von Mittelwertsdifferenzen wurde der t-Test herangezogen, für den Vergleich von Prozentwerten der t-Test für Prozentwerte nach GARRETT.

In den Tabellen und im Text wird aus Gründen der besseren Übersichtlichkeit das Signifikanzniveau angegeben.

Ferner werden im Zusammenhang mit den Tabellen folgende Bezeichnungen und Abkürzungen gewählt:

- N Anzahl der Befragten, auf deren Angaben sich die betreffenden Werte beziehen;
- f Anzahl der erfolgten Nennungen, absolute Häufigkeit;
- % Prozentueller Anteil der speziellen Nennungen innerhalb einer Kategorie;
- M Arithmetisches Mittel der angegebenen Zahlenwerte;
- s Standard-Abweichung der Verteilung;
- FG Freiheitsgrade.

Dritter Teil

Ergebnisse der Befragung

Die Darstellung der Befragungsergebnisse folgt im Aufbau der Systematik unserer speziellen Fragestellungen. Im Gegensatz dazu berücksichtigt der Aufbau des Fragebogens (vgl. Anhang II) in erster Linie Gesichtspunkte einer Psychologie der Gesprächsführung, d. h. er ist vorwiegend nach den psycho-logischen Erfordernissen erstellt. Daher wird bei der Behandlung der Befragungsergebnisse jeweils auf den entsprechenden Teil des Fragebogens hingewiesen.

Als Beleg für die Darstellung der Ergebnisse ist es notwendig, im Text Tabellen zu verwenden. Damit die Lesbarkeit des Textes nicht allzu sehr leidet, sind solche Tabellen, die nicht unmittelbar zur Verständlichkeit des Textes notwendig sind, in einem gesonderten Tabellenanhang (vgl. Anhang I), wiedergegeben. Der Hinweis auf Tabellen im Anhang erfolgt durch die Voranstellung des Buchstabens „A“ vor die Tabellennummer.

I. Die jungen Angestellten in Oberösterreich

In diesem Abschnitt werden die Hauptergebnisse der speziellen Fragestellungen dargestellt. Danach wird in einem eigenen Abschnitt auf einige wesentliche Sonderprobleme der weiblichen Angestellten im Rahmen ihrer Berufstätigkeit eingegangen.

A. Einstellung zum Beruf und zur Berufstätigkeit

Die Einstellung der befragten jungen Angestellten in Oberösterreich zu ihrem Beruf und der Grad der Zufriedenheit mit den gegenwärtigen beruflichen Gegebenheiten wurde mit einer Reihe von Fragen der verschiedensten Art angegangen. Es sollten dabei in der Hauptsache die folgenden Komplexe erfaßt werden:

— generelle Einstellung zum Beruf, d. h. ganz allgemein ohne Berücksichtigung von Bedingungen des Tätigkeitsfeldes;
— spezielle Einstellung zum Beruf, d. h. Zufriedenheit mit der augenblicklichen konkreten Berufs- und Tätigkeitssituation;
— Einstellung zur beruflichen Mobilität und Fluktuation;
— Bewertung von Faktoren des Tätigkeitsumfeldes.

Die Ausführungen dieses Kapitels beziehen sich vor allem auf die Angaben zu den Fragen 1 bis 12 des Fragebogens (vgl. Anhang I).

1. Allgemeine Einstellung zum Beruf und zur Berufswahl

Die allgemeine Einstellung zum Beruf und zur Berufswahl ist von einer Vielzahl von Faktoren abhängig. Es kann daher in diesem Rahmen nur auf die wichtigsten Befunde eingegangen werden. Die Frage nach der *Zufriedenheit* mit dem jetzigen Beruf, d. h. nach einer Wiederwahl des jetzigen Berufes, falls die Befragten noch einmal von vorne beginnen könnten, erbrachte zunächst für die Gesamtstichprobe der jungen Angestellten, daß 57,5 % mit ihrem Beruf als solchem zufrieden sind. Eine nähere Analyse dieses Gesamtbefundes führte aber zu folgenden interessanten Ergebnissen:

— Es zeigte sich, daß Männer signifikant häufiger (61,4 %) den gleichen Beruf wieder wählen würden als Frauen (52,4 %). Männer sind also offensichtlich mit ihrem Beruf zufriedener ($p < 0{,}05$).
— Außerdem erwies sich, daß mit steigendem Berufsniveau der Befragten, d. h. also von Berufsniveau 1 der Ausübung von Hilfstätigkeiten über die Stufe der ausführenden Tätigkeiten bis zur unteren und mittleren Leitungsfunktion, die Berufszufriedenheit linear zunimmt (vgl. Tab. 3; $p < 0{,}01$).
— Es besteht ebenfalls eine Beziehung zwischen Zufriedenheit mit dem jetzigen Beruf und der sozialen Herkunft des Befragten. Personen, deren Vater Angestellter oder Beamter ist, sind mit ihrem jetzigen Beruf signifikant weniger zufrieden als Befragte, deren Väter Arbeiter oder Akademiker sind ($p = 0{,}05$). Da sich

Tabelle 3. *Berufszufriedenheit und Berufsniveau*

Wiederwahl des Berufs	Berufsniveau 1 (*N*=43)	2 (*N*=349)	3 (*N*=56)	4 (N=48)
Ja	34,9%	57,6%	66,1%	66,7%
Nein	65,1%	42,4%	33,9%	33,3%
	100,0%	100,0%	100,0%	100,0%

$Chi^2 = 12{,}33$; $FG = 3$; $p < 0{,}01$.

keine Korrelation zwischen Geschlecht und sozialer Herkunft ergab, scheint dieses Ergebnis auf die Dissonanz zwischen Erwartung und Realität des Berufslebens zurückzuführen zu sein. Für den Sohn oder die Tochter eines Arbeiters bzw. Landwirtes (Berufsstatus 1 des Vaters) bedeutet der Eintritt in den Status des Angestellten einen deutlichen sozialen Aufstieg und damit einen Grund, mit dem eigenen Beruf zufrieden zu sein. Bei den Befragten mit Vätern höherer Schulbildung liegt die Begründung der Zufriedenheit auf einem anderen Gebiet. Es besteht nämlich eine positive Korrelation zwischen dem Berufsstatus des Vaters und der eigenen Schulbildung (Korrigierter Kontingenzkoeffizient nach Hofstätter, Ccor = 0,28; $p < 0{,}01$). Dies bedeutet, daß jene Befragten damit auch eine bessere berufliche Position haben, die ihrerseits zu einer erhöhten Zufriedenheit beiträgt. Demgegenüber vergleichen sich Befragte, deren Väter Angestellte oder Beamte sind, direkt mit ihrem Vater und seiner beruflichen Position sowie den damit verbundenen wohlerworbenen Rechten. Dieser naheliegende Vergleich führt offensichtlich bei den betreffenden Befragten zu erheblichen kognitiven Dissonanzen (Festinger) und damit zu einer erhöhten Unzufriedenheit.

Als Kontrollfrage wurde auch erfaßt, welchen Beruf die Befragten *früher* ergreifen wollten. Die Befunde erklären und erhärten das obige Ergebnis.

— Männer wollten mit 48,5 % der Angaben signifikant häufiger früher bereits denselben Beruf ergreifen ($p < 0{,}05$); bei abweichenden Nennungen werden von Männern relativ häufiger technische Berufe ($p < 0{,}01$) oder sog. „Kinderwünsche", wie Lokomotivführer u. a., genannt. Frauen wollten deutlich seltener den jetzigen Beruf ergreifen (nur 39,0 %); als ursprünglichen Berufswunsch nennen die „Unzufriedenen" übereinstimmend den Beruf als Lehrerin (53 %!) und Berufe, die mit „Sprachen" verbunden sind.

— In Übereinstimmung mit dem Ergebnis bei der Frage nach einer Wiederwahl des jetzigen Berufes zeigte sich ebenfalls eine lineare Beziehung mit dem Berufsniveau der Befragten (vgl. Tab. 4). Mit steigendem Berufsniveau des Befragten fällt der jetzige Beruf in weit stärkerem Ausmaß mit dem ursprünglichen Berufswunsch zusammen.

Tabelle 4. *Berufswunsch und Berufsniveau*

Beruf entspricht dem Berufswunsch	Berufsniveau 1 ($N=43$)	2 ($N=349$)	3 ($N=56$)	4 ($N=48$)
Ja	25,6%	43,3%	51,8%	57,4%
Nein	74,4%	56,7%	48,2%	42,6%
	100,0%	100,0%	100,0%	100,0%

$Chi^2 = 10{,}80$; $FG = 3$; $p < 0{,}02$.

Zusammenfassend läßt sich feststellen, daß junge Angestellte mit einem niedereren Berufsniveau, vor allem aber die weiblichen Angestellten, offensichtlich ihren eigentlichen Berufswunsch signifikant weniger realisieren konnten und daß aus diesem Grund auch eine größere Unzufriedenheit mit dem jetzigen Beruf bei diesen Personen vorherrscht. Wie anhand weiterer Ergebnisse noch gezeigt werden wird, drückt sich hier bereits unter Anerkennung aller objektiven Hemmnisse einer Verwirklichung des Berufswunsches die Existenz unterschiedlicher Erwartungssysteme aus, die mit den beiden Geschlechtern normalerweise verbunden werden.

Auffällig ist weiterhin bei allen Angaben zum Berufswunsch die durchgängig hohe *Bildungsabsicht* der befragten jungen Angestellten, da die gewünschten Berufe meist Matura voraussetzen. Die Ergebnisse sind auch hier mit anderen Befunden im Zusammenhang mit der Aufstiegsorientierung und mit der Leistungsmotivation konsistent [vgl. auch Croner, 1962 (b) und Neuloh u. a.].

Als Begründung dafür, warum in den abweichenden Fällen ($N = 278$) trotzdem ein anderer Beruf ergriffen wurde, werden von den betreffenden Befragten folgende Hauptgründe, geordnet nach der Häufigkeit der Nennung, genannt:

1. Finanzielle Schwierigkeiten (22,3 %)
2. Beeinflussung durch die Eltern (18,3 %)
3. Zu lange Ausbildung, Bedingungen zu schwierig (18,0 %)
4. Keine Gelegenheit, keine Möglichkeit (17,3 %)

Die Rangordnung der von den Befragten genannten Hauptgründe für eine vom eigentlichen Berufswunsch abweichende Berufswahl weist deutlich auf den maßgeblichen Einfluß des Elternhauses hin, der sich aus dem sozio-ökonomischen Status und aus den unterschiedlichen Ausbildungsaspirationen der Eltern ableitet. Eine statistische Beziehung dieser Hauptgründe mit anderen, der Analyse zugrunde gelegten Variablen, ließ sich nicht feststellen.
In ähnlicher Weise, wie dies bei der Berufszufriedenheit der Fall war, wurde auch nach einer Zufriedenheit mit der persönlichen *Ausbildung* gefragt. 58,3 % der Befragten würden nach ihren Aussagen die gleiche Ausbildung wieder wählen. Eine signifikante Beziehung ließ sich bemerkenswerterweise nur mit dem Alter der Befragten, nicht jedoch mit den anderen Variablen, finden (Tab. 5). Aus statistischen Gründen wurden hierbei die Altersklassen zu drei Kategorien zusammengefaßt.

Tabelle 5. *Zufriedenheit mit der Ausbildung und Alter (N = 496)*

Gleiche Ausbildung wieder wählen	bis unter 24 (*N* = 190)	Alter 24—27 (*N* = 172)	über 27 Jahre (*N* = 134)
Ja	65,8%	54,7%	52,2%
Nein	34,2%	45,3%	47,8%
	100,0%	100,0%	100,0%

$Chi^2 = 7{,}35$; $FG = 2$; $p < 0{,}05$.

Mit zunehmendem Alter der Befragten steigt demnach die Unzufriedenheit und Skepsis gegenüber der eigenen Ausbildung. Vor allem in den jüngeren Altersklassen macht man sich offensichtlich noch wenig Gedanken über die Brauchbarkeit der eigenen Ausbildung. Je intensiver man aber mit der Berufswirklichkeit konfrontiert wird und je stärker auch durch die normalerweise stattgefundene Gründung eines Hausstandes der Wunsch nach beruflichem Aufstieg und nach höherem Einkommen wächst, umso häufiger wird dann Unzufriedenheit mit der eigenen Ausbildung geäußert.

Der Inhalt des *Änderungswunsches* bezüglich der eigenen Ausbildung zeigt durchgängig den Wunsch nach einem höheren schulischen Ausbildungsgrad mit Abschluß (vgl. Tab. A1). Dieser Befund wird durch die Tatsache gestützt, daß auch eine positive Korrelation zwischen Alter und der Teilnahme an Möglichkeiten beruflicher Weiterbildung besteht (vgl. Tab. A11). Zwischen Wiederwahl des gleichen Berufes und Wiederwahl der gleichen Ausbildung besteht eine signifikante positive Beziehung, die jedoch nicht sehr groß ist ($r_{phi} = 0,10$). Offensichtlich sind die Zusammenhänge hier nicht sehr eng.

Betrachtet man die von den Befragten angegebenen Gründe, welche maßgeblich die tatsächlich getroffene *Berufswahl* beeinflußt haben, so fällt vor allem im Vergleich mit den Jungarbeitern (SCHARMANN, 1967, S. 184) die Betonung der Eigenständigkeit und der Eigeninitiative (44,4 % der Befragten) auf. Erst mit großem Abstand folgen dann als weitere Determinanten der Berufswahl die Art der Schulbildung, der Wunsch der Eltern, Stellenangebot und Arbeitsmarkt sowie Zufall und innerbetrieblicher Aufstieg (vgl. Tab. A2). Insgesamt zeigt sich anhand der Angaben deutlich die Betonung der Eigenständigkeit und der Orientierung an den realen Gegebenheiten als typische Merkmale eines „realistischen Berufsbewußtsein" der Angestellten (NEULOH, S. 87), das seine Bedeutung vor allem im Zusammenhang mit der Aufstiegsorientierung gewinnt.

2. Einstellung gegenüber der konkreten Tätigkeit

Außer der generellen Einstellung zum Beruf und zur Berufswahl wurde auch das persönliche Verhältnis zur gegenwärtigen, konkreten Tätigkeit erfaßt. Hierbei sagen 85,7 % der befragten jungen Angestellten aus, daß die ausgeübte Tätigkeit ihren fachlichen und beruflichen *Kenntnissen* entspricht; für den Thermometer-Index mit einem Bereich von 0 bis 100 Punkten, mit dem der Entsprechungsgrad eingestuft werden mußte, ergab sich ein Durchschnittswert von 78,7 Punkten. Die durchschnittliche Einstufung der männlichen und der weiblichen Angestellten weicht nur zufällig voneinander ab.

Tabelle 6. *Interessantheitsgrad der Tätigkeit und Geschlecht*

	durchschnittlicher Interessantheitsgrad		
	M	*s*	*N*
Männer	77,9	17,5	282
Frauen	72,4	18,1	214

$t = 3{,}40$; $p < 0{,}01$.

Wie aus Tab. 6 hervorgeht, traten jedoch geschlechtsspezifische Unterschiede hinsichtlich der Einschätzung der Tätigkeit nach *Abwechslung* und *Interessantheitsgrad* auf. Wenngleich die beiden Durchschnittswerte anzeigen, daß durchgängig die eigene Tätigkeit als abwechslungsreich und interessant angesehen wird, so ist der auftretende Unterschied doch recht bemerkenswert.

Demnach schätzen Männer ihre Tätigkeit als interessanter und abwechslungsreicher ein als Frauen. Diese Tatsache ist vor allem im Zusammenhang mit der geschlechtsspezifischen beruflichen Orientierung zu sehen, die an anderer Stelle noch deutlicher herausgearbeitet wird. Als positive *Tätigkeitsmerkmale* (Tab. A3) werden in erster Linie genannt:

1. Abwechslung, Vielseitigkeit
2. Kontaktmöglichkeit mit vielen Menschen
3. Selbständigkeit, Freiheit
4. Die Tätigkeit als solche
5. Verantwortung

Die genannten negativen Tätigkeitsmerkmale zeigten die gleichen Präferenzen (vgl. Tab. A4); hier werden in erster Linie Eintönigkeit der Arbeit und Routine, sowie organisatorische Probleme im Betrieb genannt, die mit der Schwerfälligkeit des Verwaltungsapparates und der „Papierflut“ im Zusammenhang stehen.

Die Art der von den befragten jungen Angestellten bevorzugten oder abgelehnten Tätigkeitsmerkmale läßt unschwer eine allgemeine Einstellung gegenüber dem eigenen Tätigkeitsbereich erkennen, die sich idealtypisch auf eine selbständige, verantwortliche

Tätigkeit mit dispositiven Funktionen und mit vielfältigen sozialen Kontakten bezieht. Dieses Präferenzprofil weist deutlich auf ein Autostereotyp, d. h. auf ein stereotypes Vorstellungs- und Erwartungssystem der befragten Angestellten über Merkmale „eines Angestellten“ hin, das sich in Übereinstimmung mit dem theoretischen Konzept durch eine „quasi-unternehmerische Haltung“ (K. V. MÜLLER) auszeichnet, die ihrerseits freilich nur in hohen Angestelltenpositionen in vollem Ausmaß realisierbar ist. Der Befund ist insofern bemerkenswert, als bei unserer Stichprobe schon allein auf Grund des Lebensalters objektiv relativ selten solche Tätigkeitsmerkmale gegeben sein dürften. Dies schließt jedoch nicht aus, daß sich der einzelne Angestellte subjektiv bei seiner Berufsausübung mehr oder weniger in dieser Rolle erlebt. Eine Bestätigung dieser stark aufstiegs- und leistungsorientierten Haltung findet sich dann vor allem im Zusammenhang mit der individuellen Aufstiegserwartung.

3. Mobilitätsneigung

Zur Erfassung der grundsätzlichen Einstellung zur beruflichen Mobilität als Mittel der Anpassung und Nutzung von Aufstiegs- und Arbeitsmarktgegebenheiten wurde nach der Meinung zum beruflichen Stellenwechsel gefragt.

Von allen befragten jungen Angestellten halten zunächst 52,8 % einen Wechsel der Stelle für ungünstig, hingegen befürworten 47,2 % grundsätzlich einen Stellenwechsel. Es wird dabei an folgende Arten des Wechsels gedacht:

Tabelle 7. *Arten des Stellenwechsels (nur positive Einstellung zum Wechsel)* $N = 234$

	f	%
Wechsel in eine andere Abteilung mit gleicher Arbeit	11	4,7
Wechsel in eine andere Abteilung mit anderer Arbeit	53	22,7
Wechsel zu einer anderen Firma mit gleicher Arbeit	104	44,4
Wechsel zu einer anderen Firma mit anderer Arbeit	57	24,4
Wechsel zu einem anderen Beruf	6	2,6
Jeder Wechsel ist vorteilhaft	2	0,9
Keine Antwort	1	0,4
	234	100,1

Die von den befragten jungen Angestellten genannten Gründe für und gegen einen Wechsel der Stelle sind in den Tabellen 5 und 6 des Anhanges (Tab. A5 und A6) zusammengestellt. Interessant ist ein Vergleich der jeweils fünf erstgenannten Gründe (vgl. Übersicht 1):

Übersicht 1. *Gründe für und gegen einen Stellenwechsel*

für einen Wechsel:	*gegen einen Wechsel:*
1. finanzielle Verbesserung	1. Anpassungsschwierigkeiten, Verlust der gewohnten zwischenmenschlichen Beziehungen
2. Erweiterung der beruflichen Erfahrungen	2. Nicht-Wechsel bringt dienstzeitbedingte Vorteile
3. Interessantere, abwechslungsreichere Arbeit	3. Zufriedenheit mit gegenwärtigen Bedingungen
4. Schlechtes Betriebsklima, woanders besser	4. Verlust von finanziellen Vorteilen durch Wechsel
5. Bessere Aufstiegsbedingungen	5. Spezialisierung durch längere Tätigkeit an einer Stelle

Aus dem direkten Vergleich der wichtigsten angegebenen Gründe für und gegen einen Wechsel der Arbeitsstelle läßt sich unmittelbar ableiten, daß sich Personen mit einer grundsätzlichen Mobilitätsneigung hinsichtlich ihres Verhaltens der Tendenz nach eher an den beschriebenen, allgemein positiv eingeschätzten Tätigkeitsmerkmalen orientieren. Demgegenüber nennen Personen mit einer negativen Einstellung gegenüber der beruflichen Mobilität in erster Linie solche Gründe, die auf eine gewisse Verwurzelung und Trägheit der Reaktion auf veränderte Bedingungen schließen lassen. Aufschlußreich ist daher die nähere Analyse der Mobilitätsneigung in Abhängigkeit von anderen Variablen.

Nach unseren Befunden besteht ein Zusammenhang zwischen einer grundsätzlich positiven Einstellung zum Wechsel der Tätigkeit oder der Firma mit dem Berufsniveau, d. h. mit der Höhe der beruflichen Position. Während 60,5% der Befragten in Positionen mit mechanischer Tätigkeit (Berufsniveau 1) bei ihrer jetzigen Tätigkeit bleiben wollen, sinkt der Prozentsatz mit 55,0% (Berufsniveau 2), über 46,5% (Berufsniveau 3) kontinuierlich auf 37,5% bei Personen mit mittleren Leitungsfunktionen ab; dies bedeutet, daß die Neigung bzw. Bereitschaft zum Wechsel mit der

Höhe des Berufsniveaus ständig wächst ($Chi^2 = 7{,}22$; $FG = 3$; $p < 0{,}10$).
Interessanterweise steht diesem Befund das von anderen Autoren [Croner, 1962 (b); Claessens et alia] berichtete Ergebnis gegenüber, wonach der tatsächliche Wechsel der Stellung mit zunehmender Qualifikation der Tätigkeit bei Angestellten seltener erfolgt. Damit ist klar, daß eine erhöhte grundsätzliche Bereitschaft zum Wechsel nicht notwendigerweise zu einer höheren Fluktuation führen muß. Vielmehr scheint die Fluktuationsrate eine Funktion der geringeren Berufszufriedenheit und damit zusammenhängend einer geringeren persönlichen Verbundenheit mit minderqualifizierten Tätigkeiten zu sein.
Die beobachtbaren geschlechtsspezifischen Unterschiede der Einstellung zum Wechsel zeigen darüberhinaus, daß die Mobilitätsneigung systematisch in einer engen Verbindung mit der individuellen Leistungsmotivation steht und damit eher als ein Indikator für „Fern-Orientierung" (Neubauer, 1967) angesehen werden kann. Während 53,5 % der Männer grundsätzlich positiv zum Wechsel eingestellt sind, sind es bei den weiblichen Angestellten nur 38,8 %. Der Unterschied ist hoch signifikant ($p < 0{,}01$). Überdies nennen die Männer als Gründe *für* einen Wechsel signifikant häufiger Merkmale aus dem *Leistungsbereich:* bessere Aufstiegschancen, Erweiterung der beruflichen Erfahrungen und besseres Ansehen durch die neue Tätigkeit. Demgegenüber führen die weiblichen Angestellten häufiger Wechselgründe aus dem *sozio-emotionalen Bereich* an: Betriebsklima, Kontakt mit anderen Menschen sowie eine abwechslungsreichere Arbeit.
Auch bei den Gründen *gegen* einen Stellenwechsel zeigen sich geschlechtsspezifische Unterschiede. Männer erwähnen hier signifikant häufiger größere Aufstiegschancen durch Verbleib, Spezialisierung durch längere Tätigkeit an einer Stelle, dienstrechtliche Vorteile, Rücksichtnahme auf Wohnung und Familie, sowie geringere wirtschaftliche Sicherheit durch Wechsel der Stelle. Hingegen nennen Frauen häufiger Anpassungsschwierigkeiten (42,1 % gegenüber 35,1 % Nennungen der Männer), Gewohnheit und Bequemlichkeit, ferner Zufriedenheit mit der jetzigen Tätigkeit.

Faßt man die Ergebnisse der Analyse der Mobilitätsneigung zusammen, so läßt sich folgendes feststellen:

a) Frauen entwickeln offensichtlich eine stärkere Bindung an eine Arbeitsstelle bzw. an eine bestimmte Firma, die stark emotional getönt ist und die sich insbesondere auf den sozialen Bereich bezieht. Diese sozio-emotionale Einbettung stellt ein Mobilitätshemmnis dar, das auch dann zu einem Verbleiben führen kann, wenn anderswo objektiv bessere Bedingungen bestehen.

b) Männer geben mehr rationale, aufstiegs- und leistungsbetonte, sowie ökonomisch orientierte Motive an, wobei aber auch die Fürsorge für Frau und Kinder deutlich wird. Die befragten männlichen Angestellten sind signifikant stärker mobilitätsgeneigt und scheinen auf veränderte Bedingungen in einer mehr aktiven Weise zu reagieren.

c) Das tatsächliche Fluktuationsverhalten scheint weniger eine Funktion der generellen Mobilitätsbereitschaft zu sein, sondern eher von der persönlichen Verbundenheit mit der Tätigkeit und vom individuellen Zufriedenheitsgrad maßgeblich beeinflußt zu werden.

4. Bewertung von Faktoren des Tätigkeitsumfeldes

Zur Erfassung der Wertschätzung von einzelnen Faktoren des Tätigkeitsumfeldes wurde gefragt, welche „Dinge" für einen Angestellten in der Firma von großer Bedeutung sein können (vgl. Tab. A 7). Die jungen Angestellten nannten dabei mit Abstand an erster Stelle „gute Möglichkeiten zum Vorwärtskommen" (60,7 %). Auf den nächsten Rängen folgen „befriedigende Arbeit", „angenehme Vorgesetzte", „gute Sozialeinrichtungen der Firma", „gerechte Behandlung" und „Ansehen der eigenen Arbeit". Der Vergleich mit den Ergebnissen der Jungarbeiter-Befragung (SCHARMANN, 1967, S. 191) zeigt bei den jungen Angestellten die relativ größere Wertschätzung der Faktoren befriedigende Arbeit, gerechte Behandlung, Ansehen der eigenen Arbeit. Das Merkmal „Sicherheit für das Alter", das bei den deutschen Jungarbeitern an erster Stelle steht, besitzt für die jungen Angestellten offensichtlich im ganzen weniger Aktualität.

Aufschlußreich und in Übereinstimmung mit allen übrigen Befunden sind die auftretenden geschlechtspezifischen Unterschiede für die Wertschätzung der einzelnen Faktoren:

Übersicht 2. *„Wichtigste Dinge für einen Angestellten“ und Geschlecht*

Es nennen *signifikant* häufiger

Männer:	*Frauen:*
— gute Möglichkeiten zum Vorwärtskommen	— angenehme Vorgesetzte
— Ansehen der eigenen Arbeit ($p < 0{,}10$)	— gute Sozialeinrichtungen der Firma
— viel Geld mit nach Hause bringen	— gerechte Behandlung
— wissen, was in der Firma vor sich geht	— angenehme Kollegen
	— fähiger Betriebsrat

Männliche Befragte nennen bevorzugt solche Faktoren, die mit Prestige und Aufstieg zusammenhängen, während Frauen eigentlich durchgängig die Bedeutung des sozialen Systems, d. h. der sozio-emotionalen Komponente, ansprechen.

Auf einen Nenner gebracht könnte man formulieren, daß Frauen im allgemeinen im sozialen System des Betriebes in irgend einer Weise „heimisch“ werden wollen; dazu sind natürlich angenehme Vorgesetzte und Kollegen sowie gute Sozialeinrichtungen der Firma notwendig. Bei ungerechter Behandlung und in persönlichen Schwierigkeiten bzw. wenn man sich vernachlässigt fühlt, versucht man dann, sich mit Hilfe des Vorgesetzten, der Kollegen oder des Betriebsrats durchzusetzen.

Es muß noch angemerkt werden, daß sich für die tatsächliche Einschätzung der individuellen Beziehung zu Vorgesetzten und Kollegen auf einer Thermometerskala keine signifikanten Unterschiede für die Geschlechter ergeben haben. Die hier beschriebenen Unterschiede beziehen sich daher lediglich auf eine unterschiedliche geschlechtsspezifische Bewertung von Faktoren des Tätigkeitsumfeldes.

B. Leistungs- und Aufstiegsmotivation

Zur Messung der Leistungs- und Aufstiegsmotivation wurde anhand der vorhandenen Fülle von Untersuchungen (vor allem McClelland u. a.) eine Reihe von Merkmalen verwendet, die sich nach Situation und Grad des Realitätsbezuges unterscheiden.

In einem ersten Fragenkomplex (Fragen 13—15 sowie Frage 18) wurde versucht, die allgemeine Aufstiegserwartung der Befragten zu erfassen. Es wurde hierbei gefragt, welche Position und welches Einkommen die befragte Person im Alter von 40 Jahren einzunehmen gedenkt. Ferner wurde zur Kontrolle der Realitätsbezogenheit dieser Erwartung nach den Möglichkeiten der Verwirklichung gefragt. Die Position mit 40 Jahren wurde deshalb gewählt, da sie einerseits einen verhältnismäßig fernen Zeitpunkt charakterisiert, andererseits jedoch angesichts der Altersstreuung unserer Stichprobe einen echten Vergleich der Angaben ermöglicht. Da der gleiche Fragenkomplex auch für eine gedachte Person mit dem entgegengesetzten Geschlecht, aber mit den gleichen Eigenschaften wie der Befragte, zu beantworten war, wird damit eine klare Erfassung der mit dem Geschlecht einer Person zusammenhängenden speziellen Aufstiegserwartungen bei männlichen und weiblichen Angestellten (Auto- und Heterostereotyp) möglich.

In einem zweiten Komplex (Frage 24) wurden außerdem die persönlichen Aufstiegserwartungen bezüglich der konkreten Situation der eigenen Firma erhoben. Dies geschah vor allem aus Gründen einer Kontrolle der vorher angegebenen Positionserwartungen.

Angeregt durch die Befunde anderer empirischer Untersuchungen, wonach sich für die Angestellten ein unterschiedliches „Verhältnis zum Betrieb" (Hartfiel, 1961), „Zugehörigkeitsgefühl" (Claessens et alia), „Betriebsbewußtsein" (Neuloh) oder eine unterschiedliche „innere Verbundenheit mit dem Betrieb" (Linke) nachweisen läßt, wurde als ein weiterer Indikator die individuelle *Identifikation mit der eigenen Firma* eingeführt. Die Messung erfolgte anhand einer Liste von Behauptungen (Statements), die jeweils einen unterschiedlichen Grad der individuellen Identifikation mit der Firma beinhalten. Der Grundgedanke bei der Entwicklung dieser Skala geht von der Überlegung aus, daß sich der Grad der Identifikation mit der eigenen Berufstätigkeit und damit auch mit der Firma durch die Relation der Faktoren „eigene Leistungsbereitschaft und Leistungsabgabe" und „Entgelt als Gegenleistung der Firma" ausdrücken läßt.

Nach Vorversuchen wurden schließlich die folgenden Behauptungen ausgewählt, die aus der systematischen Variation der beiden Merkmale abgeleitet wurden. Sie sind hier der systematischen Reihenfolge nach aufgeführt, wurden jedoch bei der Befragung in einer zufälligen Abfolge als Liste vorgegeben (vgl. Frage 25 mit Liste 6 im Anhang):

1. Das Wichtigste ist, daß die Firma gut bezahlt — ganz gleich, ob man sich dafür anstrengen muß oder nicht.
2. Man muß sich bemühen, die Arbeitsanforderungen zu erfüllen, damit man keine persönlichen Nachteile hat und die Vorgesetzten zufrieden sind.
3. Wenn sich alle in der regulären Arbeitszeit voll einsetzen, dann sind keine Überstunden nötig.
4. Wenn wichtige Termine eingehalten werden müssen, kann es auch einmal erforderlich sein, daß man über die normale Arbeitszeit hinaus im Betrieb bleibt, wenn dafür bezahlt wird.
5. Wenn es das Interesse der Firma erfordert, arbeitet man auch einmal am Wochenende oder am Feiertag daheim, ohne daß man dies als etwas Besonderes empfindet und extra berechnet.
6. Das Wichtigste im Leben ist für mich meine Arbeit in der Firma, alles andere ist zweitrangig.

Jeder Befragte hatte nach dem vollständigen Durchlesen der Liste anzugeben, welche Behauptung seiner Meinung nach die richtigste sei. Es konnte jeweils nur eine Nennung abgegeben werden.

Der vierte Fragenkomplex (Fragen 20 und 21) erfaßt als einen weiteren, im allgemeinen sehr zuverlässigen Indikator für Leistungsmotivation die Absicht zur beruflichen Weiterbildung sowie die Teilnahme an Möglichkeiten der beruflichen Weiterbildung (Vontobel).

Wie eine Reihe von Untersuchungen gezeigt hat, stellt gerade der Wunsch nach beruflicher Fortbildung für die Angestellten ein wesentliches unterscheidendes Merkmal im Vergleich zu anderen sozialen Gruppen dar (vgl. Aufhäuser; K. V. Müller; Neuloh; Specht, 1967).

Zur Ergänzung und zur Kontrolle dieser Angaben wurden schließlich die Ausbildungsaspirationen für die eigenen Kinder, getrennt nach Geschlecht der Kinder, erhoben (Frage 71 d).

Auch dieser Bereich hat sich für die Abschätzung der Aufstiegsmotivation als sehr bedeutsam erwiesen (vgl. K. V. Müller; Neuloh; Wössner und Wenzel).

1. Allgemeine Aufstiegserwartungen

Ein Vergleich der in Tabelle 8 zusammengestellten Positionserwartungen (Spalte a und c) zeigt, daß bei Männern durchgängig eine wesentlich stärkere Aufstiegserwartung vorhanden ist als bei den

Frauen. So wollen 63,7 % der männlichen Angestellten im Alter von 40 Jahren eine leitende Position wie Direktor, Abteilungsleiter oder Prokurist einnehmen.

Ganz anders liegen die Verhältnisse bei den Frauen. Hier gibt es eine Spitzengruppe von 28,6 % der jungen weiblichen Angestellten, die ebenfalls in leitende Positionen aufzusteigen erwarten. Jedoch nennen 49,8 % der Frauen Positionen, die keinen Aufstieg darstellen; davon rechnen 8,2 % der weiblichen Angestellten mit dem Ausscheiden aus dem Berufsleben. Diese Beziehung zwischen Geschlecht und Aufstiegserwartung ist hochgradig signifikant (Ccor = 0,53; $p < 0,01$).

Ähnliche Unterschiede ergeben sich bei der Betrachtung des mit 40 Jahren erwarteten Einkommens pro Monat (Tab. 9, Spalte b und c). Der Durchschnittswert der Angaben liegt bei den Frauen bei S 6251,20 und bei den Männern bei S 9706,20. Der Betrag bei den Männern liegt somit fast um 50 % höher als der Durchschnittswert, der sich aus den erwarteten Einkommens-Schätzungen der Frauen ergibt.

Äußerst bemerkenswert und eine Bestätigung der Hypothesen unseres eingangs dargelegten theoretischen Konzeptes ist die verblüffende Übereinstimmung der Auto- und Heterostereotype hinsichtlich der geschlechtspezifischen Aufstiegstendenzen. Ein Ver-

Tabelle 8
Positionserwartungen für das Alter von 40 Jahren (Auto- und Heterostereotyp)
Männer: $N = 282$ Frauen: $N = 214$

Position	a) Männer über Männer (Autost.) %	b) Frauen über Männer (Heterost.) %	c) Frauen über Frauen (Autost.) %		d) Männer über Frauen (Heterost.) %
leitende Position	63,7	66,4	28,6		22,0
gehobene Position	17,4	17,8	18,3		14,5
mittlere Position	1,1	2,3	13,1	} 49,8	20,6
kein Aufstieg und Ausscheiden	10,3	—	36,7		15,2
gleiche wie Mann	—	—	—		27,3
gleiche wie Frau	—	12,1	—		—
sonstige u. k. A.	7,5	1,4	3,3		0,4
	100,0	100,0	100,0		100,0

gleich der Prozentwerte in Tab. 8 bei den Spalten a und b für die Männer, sowie der Spalten c und d für die Frauen zeigt, daß sowohl die von den Männern vermuteten Positionen der Frauen (Heterostereotyp) mit den Angaben der Frauen über sich selbst (Autostereotyp), aber auch insbesondere die Angaben der Frauen über die Männer (Heterostereotyp) mit den Angaben der Männer über sich selbst (Autostereotyp) recht gut übereinstimmen. Ein ähnliches Ergebnis zeigt sich auch bei den Einkommenserwartungen (Tab. 9, Spalten b und c).

Tabelle 9
Einkommen und Einkommenserwartungen (Mittelwerte in S pro Monat)
Männer: $N = 282$ Frauen: $N = 214$

	Einkommen	erwartetes Einkommen mit 40 Jahren	
	a) Jetzt	b) Männer über	c) Frauen über
1) Männer	4914,94	9706,20	| 8116,00 |
2) Frauen	3554,67	| 7539,12 |	6251,20
Differenz	1360,27	2167,08	1864.20

\| \| = Heterostereotyp

Dieser Vergleich ist deshalb interessant, weil durch die ausdrückliche Formulierung bei der Fragestellung („an ihrer Stelle“) von gleichen Bedingungen ausgegangen werden sollte. Es ist damit nachgewiesen, daß bei den befragten jungen Angestellten ein Komplex stereotyper Vorstellungen (Image) über eine spezifische Ausprägung von Eigenschaften und Karriere-Chancen unterschiedlicher Art bezüglich des männlichen Angestellten und der weiblichen Angestellten existiert. Demnach wird in hochsignifikanter Weise allgemein und zwar auch von den Frauen als mögliche Konkurrenten des Mannes wesentlich häufiger erwartet, daß die Männer hohe und höchste Angestelltenpositionen erreichen. Diese Möglichkeit räumt man umgekehrt nur etwa einem Viertel der Frauen ein. Die drei-dimensionale Analyse der Beziehung zwischen Alter und Berufsniveau unter Kontrolle des Geschlechtes ergab bei unseren Befragten entsprechend den offensichtlich vorhandenen Erwartungssystemen objektive Unterschiede. Während sich bei den Männern sogar in dem von uns erfaßten Altersspielraum von etwa

10 Jahren eine positive Korrelation von Alter und Höhe des Berufsniveaus ergab ($r_{phi} = +0{,}18$; $p < 0{,}05$), konnte bei den weiblichen Angestellten in unserer Stichprobe keine Beziehung zwischen Alter und Berufsniveau festgestellt werden. Dies besagt, daß Frauen tatsächlich vorwiegend in solchen Berufspositionen tätig sind, bei denen ein Aufsteigen verhältnismäßig schwierig ist (vgl. NEUNDÖRFER, S. 78), und daß der festgestellte Komplex stereotyper Vorstellungen über den männlichen und weiblichen Angestellten die objektiven Verhältnisse in allgemeiner Form widerspiegelt.

Die genauere Betrachtung der verschiedenen Aufstiegserwartungen (vgl. Tab. 8 und Tab. 9) läßt ferner eine größere Skepsis bei den beiden jeweiligen Autostereotypen erkennen, die ja doch stärker auf die realen Möglichkeiten bezogen sind. Darüber hinaus wird aber deutlich, daß die Männer wesentlich häufiger den Frauen die gleichen Aufstiegschancen einräumen als dies die weiblichen Angestellten selbst für sich in Anspruch nehmen. So gehen 27,3 % der Männer, das sind 77 Befragte, von einer Chancengleichheit aus, während dies nur 12,1 % der Frauen für sich in Anspruch nehmen. Dies zeigt, daß die weiblichen Befragten wohl aufgrund ihrer geringeren Ausbildung und ihrer geringeren beruflichen Aufstiegsmotivation offensichtlich bei den Männern häufiger mit einem negativ akzentuierten Image der weiblichen Angestellten rechnen, als dies tatsächlich bei den Männern unserer Stichprobe der Fall war.

Der gleiche Befund zeigte sich übrigens auch bei der Schätzung des vermuteten Einkommens. So beweist zwar die Einkommenserwartung der Männer bei einer Steigerungsrate von 97,5 % im Vergleich zum gegenwärtigen Einkommen, daß sie sich auch hier mehr zutrauen als die Frauen, für deren Durchschnittswerte sich eine Steigerungsrate von nur 75,9 % ergibt. Bemerkenswert ist nun aber, daß die Männer bei den Angaben zum vermuteten Einkommen der Frauen einen höheren Schätzbetrag nennen als die weiblichen Angestellten selbst.

Wenn bei diesem Fragenkomplex von den Befragten ein geschlechtsspezifischer Unterschied der Aufstiegschancen angenommen wurde, dann wurde zusätzlich nach *Begründungen* für einen solchen Unterschied der Aufstiegserwartung gefragt. Die jeweils sieben wichtigsten Gründe sind, getrennt nach männlichen und weiblichen Angestellten, in den Tab. 10 und 11 nach der Häufigkeit der Nennung zusammengestellt.

Tabelle 10. *Wichtigste Gründe für Unterschied der Aufstiegserwartungen in Verbindung mit dem Geschlecht (Mehrfachnennungen möglich)*
Männer: $N = 282$

	f	%
1. Frau für Führungstätigkeit nicht geeignet, kann sich nicht durchsetzen	34	12,1
2. In dieser Firma läßt man Frauen nicht hochkommen	28	9,9
3. Technische Probleme liegen der Frau nicht	28	9,9
4. Geringere fachliche Qualifikation der Frau	26	9,2
5. Frau ist generell benachteiligt	24	8,5
6. Geringere Leistungsfähigkeit und Beanspruchbarkeit der Frau	21	7,4
7. Tradition, Vorurteil	19	6,7

Tabelle 11. *Wichtigste Gründe für Unterschied der Aufstiegserwartungen in Verbindung mit dem Geschlecht (Mehrfachnennungen möglich)*
Frauen: $N = 214$

	f	%
1. Männer sind gesuchter, bevorzugter	53	24,8
2. Frau ist generell benachteiligt	37	17,3
3. Der Mann muß für die Familie aufkommen	34	15,9
4. Der Mann hat größere Kenntnisse	33	15,4
5. Bei der Frau ist unsicher, ob sie in der Firma bleibt	22	10,3
6. Tradition, eingefahrenes Schema	19	8,9
7. Männer werden in der Firma bevorzugt	18	8,4

Die männlichen Befragten unserer Stichprobe begründen unterschiedliche Aufstiegschancen einerseits mit sachlichen Argumenten, die sich auf die geringere fachliche Qualifikation der Frau besonders auf technischem Gebiet, auf die geringere Leistungsfähigkeit und Beanspruchbarkeit der Frau sowie auf die fehlende Qualifikation für Führungstätigkeit beziehen; andererseits werden aber Argumente aufgezählt, die eindeutig unsachlich sind und die sich auf tradierte Vorstellungen und Verhaltensweisen beziehen. Noch deutlicher wird dieser Charakter des eingefahrenen Schemas im Hinblick auf die Einstellung gegenüber Frauen bei den Begründungen der Erwartungsunterschiede durch die weiblichen Angestellten selbst. Es werden hier aber noch weitere Argumente gebracht, die neben der Nennung sachlicher Begründungen bisher vor allem eine Stützung des traditionalen Leitbildes darstellten, nämlich die Unsicherheit des Verbleibs in der Firma bei der Frau und damit zusammenhängend die Verpflichtung des Mannes für den Unterhalt der Familie. Verblüffend ähnliche Argumente erbrachte übrigens eine Untersuchung von LAUBE (1964).

Die unterschiedlich gelagerte geschlechtsspezifische Aufstiegsmotivation der jungen Angestellten im Zusammenhang mit den in der Gesellschaft vorhandenen unterschiedlichen Vorstellungskomplexen zeigt sich auch bei der Begründung für die *Verwirklichung* der in der Zukunft erwarteten Positionen. Es werden hier in der Hauptsache mit großem Abstand zwei Argumente gebracht, die im übrigen auch als Hauptfaktoren für den Lebenserfolg genannt werden (vgl. Tab. A 8): „Leistung, Fleiß und Tüchtigkeit" werden von den Männern mit 44,0 % doppelt so oft genannt als bei den Frauen; „Ausbildung, Weiterbildung" wird von den Männern ebenfalls signifikant häufiger angegeben. Wie noch zu zeigen sein wird, korrespondieren damit auch typische Verhaltensunterschiede.

2. Spezielle Aufstiegserwartungen

Mehr als zwei Drittel der befragten Angestellten (72,2 %) halten einen Aufstieg in der jetzigen Firma für möglich. Dieses Bild ändert sich sehr stark, wenn man die Partialbeziehung zum Geschlecht näher untersucht (Tab. 12).

Tabelle 12. *Aufstieg in der Firma und Geschlecht*
$N = 496$

Aufstieg	Geschlecht männlich f	%	weiblich f	%	Gesamt f	%
Ja	248	87,9	110	51,4	358	72,2
Nein	34	12,1	104	48,6	138	27,8
	282	100,0	214	100,0	496	100,0

$r_{phi} = -0{,}40$; $p < 0{,}01$

Knapp die Hälfte der befragten weiblichen Angestellten glaubt nicht an einen Aufstieg in der jetzigen Firma. Als *Begründung* für diesen Aufstiegspessimismus geben die weiblichen Angestellten ohne Aufstiegsaussichten zu 46,0 % an, es gebe für sie in der Firma keine Möglichkeit, und weitere 15,4 %, es gebe für die Frauen generell keine Möglichkeit. Als weiterer Hauptgrund wird mit 22,1 % das vorzeitige Beenden der Arbeit genannt. Alle diese genannten Unterschiede der Begründung sind signifikant.

Hingegen geben Männer für sich als Aufstiegshindernis häufiger das Fehlen der nötigen Ausbildung an. Dies besagt, daß die befragten männlichen Angestellten auf alle Fälle einen Aufstiegswunsch haben, während dies aus den Argumenten der weiblichen Angestellten nicht hervorgeht.

Eine Korrelation der speziellen, firmenbezogenen Aufstiegserwartung ergab sich auch mit dem Berufsniveau der Befragten, sowie mit dem Berufsstatus des Vaters. Mit aufsteigendem Berufsniveau in der Firma wächst auch die Aussicht auf einen firmenbezogenen Aufstieg (Tab. 13).

Tabelle 13. *Aufstieg in Firma und Berufsniveau*

Aufstieg	Berufsniveau 1 ($N=43$) %	2 ($N=349$) %	3 ($N=56$) %	4 ($N=48$) %
Ja	55,8	71,3	82,1	81,3
Nein	44,2	28,7	17,9	18,8
	100,0	100,0	100,0	100,1

$C_{cor} = 0{,}20$; $p < 0{,}01$.

Desgleichen besteht bei Befragten, deren Väter Matura haben, eine erhöhte spezielle Aufstiegserwartung (83,7 %). Eine Bestätigung findet dieses Ergebnis in dem Befund ROSENMAYRS, wonach die Aufstiegserwartung bei Frauen vor allem mit dem Status der Herkunftsfamilie in Beziehung steht [vgl. ROSENMAYR, 1969 (b), S. 48 f.]. Eine Analyse der Angaben über die in der Firma erreichbare *Position* ergibt praktisch das gleiche Bild wie bei den allgemeinen Aufstiegserwartungen ohne konkreten Bezug. Die männlichen Angestellten unserer Stichprobe erwarten überwiegend einen Aufstieg in leitende Positionen wie Direktor, Prokurist u. a., während bei den weiblichen Angestellten überwiegend bescheidene Positionen angegeben werden. Die Beziehung ist auch hier hochgradig signifikant ($C_{cor} = 0{,}46$; $p < 0{,}01$).

Zur Untersuchung der Berechtigung einer unterschiedlichen Aufstiegserwartung wurde die Frage nach den *Faktoren des persönlichen Vorwärtskommens* näher analysiert. Allgemein zeigt sich hier die außerordentlich starke Betonung der Wichtigkeit der beruflichen Fähigkeiten und der Ausbildung, die von 88,9% der Befragten angegeben wurden (vgl. Tab. A9). Mit einem größeren Abstand folgen dann die Kategorien Verantwortungsbewußtsein, Fähigkeit zur Menschenführung sowie an fünfter und sechster Stelle gute Beziehungen und Organisationstalent. Im ganzen spricht aus diesen Angaben wohl wieder die hohe Einschätzung der beruflichen Fähigkeiten und das vorhandene realistische Berufsbewußtsein (NEULOH).

Trennt man nach dem Geschlecht der Befragten, so ergeben sich die in Übersicht 3 zusammengestellten Unterschiede der relativen Nennungshäufigkeiten.

Übersicht 3. *Faktoren des persönlichen Vorwärtskommens und Geschlecht*

Es nennen *signifikant* häufiger

Männer:	*Frauen:*
— Berufliche Fähigkeiten, Ausbildung	— Anpassungsfähigkeit
— Organisationstalent	— Anzahl der Jahre (Tendenz)
— Vorgesetzte	— Geschlecht

In Übereinstimmung mit den bisherigen Ergebnissen betonen die männlichen Angestellten also mehr solche Merkmale, die sich auf die berufliche Leistung beziehen; sie sind somit der Tendenz nach aktiver und leistungsorientierter. Frauen hingegen betonen relativ stärker Faktoren, die auf eine passive, abwartende und angepaßte Haltung hinweisen. Ein großer Teil der befragten Frauen scheint sich eher durch brave Pflichterfüllung allgemeine Sympathien erwerben zu wollen und sich den Aufstieg durch die Anzahl der Jahre in der Firma zu ersitzen, soweit dies eben möglich ist. Bezeichnend ist aber auch, daß sie das „Geschlecht" als wichtig für das persönliche Vorwärtskommen betrachten, wobei sie offensichtlich an die besseren Berufs- und Aufstiegschancen der Männer denken, ohne jedoch die damit korrelierenden Leistungsmerkmale hinreichend zu beachten. Frauen sehen somit bei den Männern eher eine Bevorzugung allein aufgrund des Geschlechts. Wenngleich diese Ansicht für das Berufsleben widerlegbar sein dürfte, so ist doch anzunehmen, daß sich diese Meinung der weiblichen Angestellten wenigstens zum Teil auf reale Erfahrungen im Elternhaus bezieht, die in Zusammenhang mit der Ausbildungsentscheidung für Sohn und Tochter gemacht werden konnten.

Eine weitere Einflußgröße auf die Einschätzung der Wichtigkeit einzelner Faktoren scheint auch die soziale Herkunft der Befragten zu sein, gemessen am Status des Berufes des Vaters. So betonen Personen, deren Vater Arbeiter oder Landwirt ist, signifikant häufiger

— berufliche Fähigkeiten, Ausbildung
— Anzahl der Jahre
— Anpassungsfähigkeit (Tendenz).

Da eine Korrelation zwischen Berufsstatus des Vaters und der Schulbildung der Befragten besteht, wonach mit aufsteigendem Status des Vaters eine bessere Schulbildung gegeben ist ($p < 0{,}01$), wird die Wichtigkeit der beruflichen Fähigkeiten und der Ausbildung, aber auch die Devise des Hocharbeitens durch Anpassungsfähigkeit und durch die Anzahl der Jahre besonders von solchen sozialen Aufsteigern (social climbers) gesehen.

Befragte mit einem hohen Berufsstatus des Vaters nennen hingegen relativ häufiger

— Ellenbogentechnik
— gute Beziehungen (Tendenz).

Die Anpassungsbereitschaft ist bei diesem Personenkreis aufgrund des gewohnten Status geringer. Vielmehr pflegt man offensichtlich das vorhandene Beziehungsnetz und andere Durchsetzungstechniken stärker zu bewerten. Für die übrigen der Analyse zugrundegelegten Variablen ergaben sich keine signifikanten Unterschiede.

3. Identifikation mit der Firma

Wie erwähnt wurde zur Abschätzung der individuellen Leistungsmotivation als zusätzlicher Indikator eine qualitativ gestufte Skala von Behauptungen zur Messung der Identifikation mit der Berufstätigkeit bzw. mit der Firma vorgegeben (Liste 6).

Es wurde dabei speziell von den folgenden zwei Hypothesen ausgegangen:

(1) Der Grad der Identifikation mit der Firma ist abhängig von den beiden Variablen Leistungsmotivation und Verhältnis zum Arbeitgeber.

(2) Der Grad der Identifikation mit der Firma nimmt mit steigendem innerbetrieblichen Status, d. h. mit dem individuellen Berufsniveau, zu (vgl. HARTFIEL, 1961, S. 199).

Für die Stichprobe zeigt sich zunächst über die gesamte Skala eine eingipflige Verteilung mit guter Streuung (vgl. Tab. A 10). Dies besagt, daß das erfaßte Merkmal aufgrund der beobachteten Verteilungsform zur Analyse geeignet erscheint.

Die Überprüfung auf statistische Beziehungen mit den verwendeten demografischen Variablen erbrachte folgende Ergebnisse:

Männliche Angestellte identifizieren sich eindeutig stärker mit dem Betrieb als die befragten Frauen ($C_{cor} = 0{,}17$; $p < 0{,}02$). Bemerkenswerterweise liegt jedoch der Unterschied bei den Sätzen 1 bis 4, d. h. im Bereich einer uninteressierten Haltung bis zu einer mittleren Leistungsmotivation. Bei den Meinungen mit hoher und extrem hoher Identifikation mit der Tätigkeit lassen sich zwischen den Geschlechtern keine Unterschiede beobachten. Damit wird der Befund bei den Fragen zur allgemeinen Aufstiegserwartung bestätigt, wonach es eine geringere Anzahl von Frauen gibt, die sich eindeutig mit den Männern messen und die teilweise sogar eine stärkere Leistungsmotivation, verbunden mit persönlichem Ehrgeiz, aufweisen.

Weitere statistisch gesicherte Zusammenhänge bestehen mit der sozialen Herkunft, mit dem eigenen Berufsniveau und mit der grundsätzlichen parteipolitischen Orientierung. Hierbei tritt eine etwas distanziertere Haltung gegenüber der Tätigkeit im Betrieb häufiger bei solchen Personen auf, deren Vater selbst Angestellter oder Beamter ist. Diese Tatsache spricht für die Tradierung eines „Beamtendenkens", wonach die „Pflicht" sehr genau erfüllt wird, ohne daß man aber die Möglichkeit von unbezahlter Mehrarbeit mit in Betracht zieht. Eine ähnliche Einstellung findet sich auch relativ häufiger bei Befragten in unteren Berufspositionen. Für

Angestellte mit Führungsfunktionen ist es offensichtlich nahezu selbstverständlich, daß auch einmal am Wochenende oder an einem Feiertag wichtige Arbeiten für die Firma erledigt werden. Ferner ließ sich beobachten, daß Personen mit einer distanzierten Haltung auf die Frage nach einer ihnen „entsprechenden" Partei häufiger die SPÖ nennen, die vermutlich aufgrund ihres Images am ehesten dieser individuellen Einstellung zu entsprechen vermag.

Unsere Hypothesen dürfen im wesentlichen als bestätigt gelten. Zusammengefaßt besagen diese Ergebnisse, daß eine komplizierte Interdependenzbeziehung zwischen Leistungsmotivation einerseits und einer spezifischen Einstellung zur Firma andererseits besteht, die beide mit dem Berufsniveau im Zusammenhang stehen. Auf diese Weise ist es denkbar, daß mit dem Aufsteigen innerhalb der Betriebshierarchie ein Wechsel der Bezugsgruppe eintritt.

4. Einstellung zur beruflichen Ausbildung

Ein außerordentlich wichtiger Indikator für die Aufstiegsorientierung bei Angestellten ist die Einstellung zur beruflichen Weiterbildung. Nahezu alle Untersuchungen über Angestellte sprechen von einer besonderen „Bildungsstrebigkeit" (K. V. Müller), von „Bildungsambitionen" (Hartfiel) und von einer auffälligen Aktivität in diesem Bereich (vgl. Aufhäuser; Bolte; Braun und Fuhrmann, 1970; Specht, 1967). Diese Besonderheit konnte auch bei der vorliegenden Untersuchung bestätigt werden. Wie aus Tab. 11 des Anhangs (Tab. A 11) hervorgeht, haben etwa drei Viertel der Befragten die Absicht, sich beruflich weiterzubilden. Ähnlich hohe Prozentsätze berichten Braun und Fuhrmann (1970, S. 104), wonach bei 67 % der kaufmännischen Angestellten und bei 85 % der technischen Angestellten eine Bejahung der eigenen beruflichen Weiterbildung festzustellen sei. Mit Recht betonen Braun und Fuhrmann (S. 101), daß der beobachtete hohe Grad an Weiterbildungsabsicht nicht allein auf das Karriere-Motiv zurückgeführt werden kann, sondern daß hier gleichberechtigt ein Motivkomplex hinzukommt, der aus dem Zwang zur Anpassung an die raschen technischen und organisatorischen Veränderungen der Arbeitssituation zur Einhaltung der aktuellen Position resultiert. Bei unseren Ergebnissen zeigt sich dieser Aspekt vor allem bei den Fragen zum Problemkreis der Automation.

Die differentielle Analyse nach dem Geschlecht der Befragten erbrachte weitere konsistente Befunde zum bisherigen Gesamtbild. Übereinstimmend mit den Ergebnissen zu den Fragenkomplexen der allgemeinen und speziellen Aufstiegserwartungen sprechen sich 92,2 % der Männer für die Absicht einer beruflichen Weiterbildung aus, während es bei den befragten weiblichen Angestellten etwas mehr als die Hälfte (56,5 %) sind. Die Beziehung ist hoch signifikant ($r_{\text{phi}} = 0{,}42$; $p < 0{,}01$). Der gleiche Unterschied ergab sich für den tatsächlichen Gebrauch von Möglichkeiten der beruflichen Weiterbildung ($p < 0{,}01$). Trotz der auftretenden deutlichen Unterschiede muß hervorgehoben werden, daß diese Werte im Vergleich zu ähnlichen Untersuchungen sehr hoch liegen, vor allem auch für die Frauen (vgl. Specht, 1967, S. 23 f.).

Wie zu erwarten, korreliert die Weiterbildungsabsicht ferner mit dem Berufsniveau der Befragten (vgl. Tab. A 11 b). Mit zunehmendem Berufsniveau ist ein lineares Ansteigen der Weiterbildungsabsicht von 58,1 % (Berufsniveau 1) bis 93,7 % (Berufsniveau 4) zu beobachten. Auch für den Gebrauch dieser Möglichkeiten ergab sich eine ebenfalls lineare Beziehung gleicher Art ($C_{\text{cor}} = 0{,}20$; $p < 0{,}01$).

Ähnlich wie bei dem Merkmal „Identifikation mit der Firma" besteht auch bei der Weiterbildungsabsicht eine statistisch gesicherte Relation mit der individuellen Präferenz einer Partei. Faßt man jeweils alle Befragten zusammen, die eine bestimmte politische Partei (ÖVP, SPÖ oder FPÖ) als ihnen „entsprechend" genannt haben, wobei die Parteimitglieder nur einen Teil dieser Gruppen repräsentieren, so ist festzustellen, daß eine Weiterbildungsabsicht stärker mit dem Image der ÖVP als Auswahlkriterium korreliert (84,0 %) als mit dem SPÖ-Image (72,9 %). Da in beiden Fällen die Parteimitglieder in der Minderzahl sind, ist die Nennung einer bestimmten Partei in diesem Fall eher ein Etikett für ein Syndrom der individuellen Einstellung zur Leistung und damit funktional zusammenhängend zur Gesellschaft. In diesem Sinne scheint die ÖVP bei ihren jungen, potentiellen Anhängern eher als progressiv eingeschätzt zu werden, als dies die potentiellen Anhänger der SPÖ für ihre Partei annehmen (vgl. Blecha, 1964, S. 110 f.). Ein Beleg für diese Argumentation ist auch darin zu sehen, daß die „Parteilosen", d. h. die Befragten ohne Nennung einer Partei, mit

76,2 % Weiterbildungsabsicht ziemlich genau den Durchschnittswert der Gesamtstichprobe erreichen und genau zwischen den Werten der anderen beiden Gruppen liegen. Die Angaben für die 16 Personen mit FPÖ-Präferenz ist aus statistischen Gründen nicht interpretierbar.

Die Kontrollfrage nach dem Gebrauch von Möglichkeiten der beruflichen Weiterbildung ergab ähnliche Werte. Darüberhinaus zeigte sich eine signifikante Beziehung mit dem Alter der Befragten, wonach Personen, die schon längere Zeit im Berufsleben stehen, häufiger an Kursen, Schulungen u. a. teilgenommen haben. Dieses Ergebnis ist wohl zum Teil als eine reine Funktion des Lebensalters zu werten, stimmt jedoch andererseits recht gut mit dem Befund einer anwachsenden Skepsis gegenüber der eigenen Ausbildung bei dieser Altersgruppe überein.

Die Erfassung der Ausbildungsabsichten für die eigenen Kinder ergab ein völlig übereinstimmendes Bild für alle Befragten. Grundsätzlich weist das Ergebnis bei allen befragten jungen Angestellten auf eine ernste Ausbildungsabsicht hin, die für die eigenen Kinder ein höheres Ausbildungsniveau anstrebt, als dies bei den meisten Befragten selbst gegeben ist (vgl. Tab. 1, S. 23). Entsprechend dem Image der Geschlechter bestehen aber charakteristische Unterschiede hinsichtlich des angestrebten Ausbildungsniveaus für Sohn und Tochter. Während für den Sohn in 82,3 % der Fälle Matura genannt wird, davon 36,5 % Studium, sind dies für die Tochter 65,9 % Matura, davon 11,1 % Studium ($p < 0{,}01$).

Der Einfluß der Geschlechter-Stereotype zeigt sich auch bei dem angegebenen Berufswunsch für die Kinder. Beim Sohn denkt man vorwiegend an einen technischen (32,1 %) oder kaufmännischen bzw. wirtschaftswissenschaftlichen Beruf (11,7 %); 28,6 % der Befragten wollen sich inhaltlich nicht festlegen und die Entscheidung dem Sohn selbst überlassen. Bei der Tochter denkt man vorwiegend an kaufmännische Berufe und Bürotätigkeiten (31,3 %) und an den Beruf der Lehrerin (14,9 %), wobei man hierbei nur in 21,2 % an eine eigene Entscheidung denkt. Überdies wird von männlichen Befragten als Beruf für die Tochter signifikant häufiger „Hausfrau“ genannt ($p < 0{,}01$).

Ein Vergleich dieser Ausbildungs- und Berufspläne macht den Einfluß auf die Berufswahl und damit auch auf die berufliche Zukunft von Sohn und Tochter deutlich, der durch die Eltern aufgrund tradierter, häufig recht fest gefügter Vorstellungen oft ungewollt ausgeübt wird. Während man dem Sohn einen breiteren Entscheidungsspielraum einräumt und einen höchstmöglichen Schulabschluß anstrebt, geschieht dies in übereinstimmender Weise nicht in diesem Ausmaß gegenüber einer Tochter. Hier werden zum Teil jene Berufe angegeben, die selten gute Aufstiegsmöglichkeiten beinhalten. Wenn man bedenkt, daß diese Angaben auch von solchen Frauen gegeben wurden, die selbst wegen dieser tradierten Leitbilder ihre Berufswünsche oft nicht entsprechend realisieren konnten, so kann daran die Wirkungsweise der „self-fullfilling prophecy" (MERTON) ersehen werden. Es muß freilich angemerkt werden, daß die Ausbildungspläne mit aller Deutlichkeit insbesondere auch die Anpassung an die zu erwartenden höheren Berufsanforderungen einer zukünftigen industriellen Gesellschaft erkennen lassen.

C. Soziales Selbstverständnis und Gesellschaftsbild

Im Anschluß an das theoretische Konzept wurde zunächst von der *Hypothese (1)* ausgegangen, daß bei Vorhandensein einer starken Leistungsmotivation abhängig vom Einstellungssystem gleichzeitig ein funktionalistisches Gesellschaftsbild bevorzugt werden muß, da die individuelle Annahme einer Durchlässigkeit der Gesellschaft für den persönlichen Aufstieg eine notwendige Zusatzbedingung, also quasi eine individuelle „Ideologie", darstellt. Wenn LINKE seine diesbezüglichen Befunde dahingehend interpretiert, daß die Angestellten die betriebliche Hierarchie analog auf die Gesellschaft übertragen und daher diese als „mehrschichtiges System" betrachten, so erscheint diese Annahme keineswegs zwingend oder theoretisch fundiert (vgl. LINKE, 1962, S. 56).

Weiterhin wurde die *Hypothese (2)* abgeleitet, wonach qualifizierte Angestellte den Unterschied zu den Arbeitern weniger betonen als Angestellte in unteren Positionen, da die qualifizierten Kräfte sich alleine aufgrund ihrer Sachkenntnis als Merkmal sozialer Differenzierung hinreichend von den Arbeitern unterscheiden.

Als *Hypothese (3)* wurde angenommen, daß sich die Angestellten von den Beamten im Sinne der „quasi-unternehmerischen" Einstellung unterscheiden.

Für die Erfassung der individuellen Vorstellungen über den Aufbau der Gesellschaft wurde in Anlehnung an die von Th. Scharmann (1967, S. 67f.) im Rahmen der Jungarbeitererhebung entwickelte Skala unter Bezug auf die angestelltenspezifischen Ergebnisse von Jaeggi und Wiedemann [1966 (b)] eine Reihe von Behauptungen (Statements) formuliert, die jeweils typische Gesellschaftsbilder repräsentieren sollten.

Aufgrund der Erfahrungen bei den Voruntersuchungen und bei der Probebefragung wurden schließlich die folgenden fünf Behauptungen ausgewählt, die sich deutlich voneinander unterscheiden. Die Statements sind hier systematisch geordnet wiedergegeben, wobei jeweils zur Verdeutlichung eine Kurzbezeichnung beigefügt ist. Während der Befragung wurden die Statements in einer zufälligen Reihenfolge ohne die Kurzbezeichnungen geboten (vgl. Frage 19 mit Liste 5).

1. Dichotomisches Gesellschaftsbild mit resignativer Haltung:

   Die persönliche Anstrengung nützt gar nichts, denn die Kleinen wurden schon immer von den Großen ausgenützt; das bleibt auch in Zukunft so.

2. Klassengesellschaft mit kollektiver Aufstiegsmöglichkeit:

   Der Einzelne kann die Verhältnisse nicht ändern; nur wenn seine Klasse geschlossen handelt, dann werden in Zukunft auch die Abhängigen zu ihrem Recht kommen.

3. Geschichtete Gesellschaft mit eingeschränkter individueller Aufstiegsmöglichkeit:

   In unserer Gesellschaft hat jeder die Chance, eine höhere Position zu erreichen, wobei das allerdings für Angehörige der oberen Schichten leichter ist.

4. Funktionalistisches Gesellschaftsbild mit Wirkung des individualistischen Leistungsprinzips:

   Es wird immer Leute geben, die mehr verdienen als die anderen, weil sie auch mehr Leistung erbringen und weil sie mehr Verantwortung tragen müssen.

5. Reine Leistungsgesellschaft:

   Was in unserer heutigen Gesellschaft zählt, ist ausschließlich die persönliche Leistung; alles andere ist unwichtig.

Außerdem wurden noch gezielte Fragen zum sozialen Selbstverständnis der jungen Angestellten in Abhebung von den Arbeitern und von den Beamten als spezielle Sozialkategorien gegeben (vgl. die Fragen 16 und 17 des Fragebogens).

1. Gesellschaftsbild

Schon das Linearergebnis zeigt, daß knapp die Hälfte, nämlich 44,8 % der jungen Angestellten ein funktionalistisches Gesellschaftsbild vertreten, bei dem ein individueller Aufstieg möglich ist (vgl. Tab. 14). An zweiter Stelle folgt die Vorstellung einer geschichteten Gesellschaft mit Statusvorteilen (33,9 %) und erstaunlicherweise bereits an dritter Stelle das reine Leistungsprinzip als Strukturprinzip unserer Gesellschaft (11,9 %). Somit sind 90,5 % der Befragten davon überzeugt, daß man in unserer Gesellschaft durch die individuelle Leistung aufzusteigen vermag.

Tabelle 14. *Gesellschaftsbild (Liste 5)*
N = 496

	f	%
1. Die persönliche Anstrengung nützt gar nichts, denn die Kleinen wurden schon immer von den Großen ausgenützt; das bleibt auch in Zukunft so	9	1,8
2. Der Einzelne kann die Verhältnisse nicht ändern; nur wenn seine Klasse geschlossen handelt, dann werden in Zukunft auch die Abhängigen zu ihrem Recht kommen	36	7,3
3. In unserer Gesellschaft hat jeder die Chance eine höhere Position zu erreichen, wobei das allerdings für Angehörige der oberen Schichten leichter ist	168	33,9
4. Es wird immer Leute geben, die mehr verdienen als die anderen, weil sie auch mehr Leistung erbringen und weil sie mehr Verantwortung tragen müssen	222	44,8
5. Was in unserer heutigen Gesellschaft zählt, ist ausschließlich die persönliche Leistung; alles andere ist unwichtig	59	11,9
Keine Antwort	2	0,4
	496	100,1

Ein Vergleich mit den entsprechenden Ergebnissen bei der Jungarbeitererhebung (Th. Scharmann, 1967, S. 203) läßt sich insoferne herstellen, als man die jeweils notwendigerweise unterschiedlichen Statements zu allgemeineren Kategorien zusammenfaßt. Aus Gründen einer besseren Differenzierung hatten bei den Angestellten nach den Erfahrungen der Vorversuche die gleichen Formulierungen nicht verwendet werden können. Faßt man jeweils nach den Kategorien (a) dichotomisches, (b) mehrstufig-geschichtetes und (c) funktionalistisches Gesellschaftsbild zusammen, so kommt man zu folgenden Zahlenwerten (vgl. Tab. 15).

Tabelle 15. *Gesellschaftsbild bei jungen Arbeitern und jungen Angestellten (jeweils ohne „unbeantwortet")*

Gesellschaftsbild	Arbeiter		Angestellte	
	f	%	*f*	%
(a) Dichotomisch	121	19,6	45	9,1
(b) Mehrstufig geschichtet	133	21,5	168	34,0
(c) Funktionalistisch	364	58,9	281	56,9
	618	100,0	494	100,0

$Chi^2 = 42{,}76$; $FG = 2$; $p < 0{,}01$.

Das Ergebnis dieses Vergleiches bestätigt zunächst die Vermutung, wonach die jungen Arbeiter signifikant häufiger eine dichotomische, d.h. aus zwei Schichten oder Klassen bestehende Gesellschaft als ihre Meinung angegeben haben. Verblüffend ist hingegen die Tatsache, daß bei der Häufigkeit der Bevorzugung eines funktionalistischen Gesellschaftsbildes zwischen den beiden sozialen Gruppen überhaupt keine Unterschiede auftreten, ein Faktum, das bei der zusammenfassenden Interpretation im Schlußteil unter Bezug auf das Konzept des „Industriebürgers" von TH. SCHARMANN (1970) eingehender analysiert wird. Bei den jungen Angestellten zeigten sich aber hinsichtlich des *Ausprägungsgrades* charakteristische Unterschiede im Zusammenhang mit den Variablen Parteipräferenz und Alter.

In ähnlicher Weise wie bei den Befunden zur individuellen Leistungsmotivation zeigen sich auch hier signifikante Beziehungen zwischen genereller *Parteipräferenz* und dem bevorzugten Gesellschaftsbild (Tab. 16). Hierbei mußten die der FPÖ nahestehenden

Tabelle 16
Gesellschaftsbild und Parteipräferenz (ohne FPÖ, Parteilose und Sonstige)
$N = 330$

Gesellschaftsbild	ÖVP		SPÖ		Gesamt
	f	%	*f*	%	
Dichotomisch	4	3,8	28	12,5	32
Mehrstufig-geschichtet mit Statusvorteilen	33	31,1	86	38,4	119
Funktionalistisch	49	46,2	92	41,1	141
Reine Leistungsgesellschaft	20	18,9	18	8,0	38
	106	100,0	224	100,0	330

$C_{cor} = 0{,}26$; $p < 0{,}01$.

Befragten ($N = 16$) aus statistischen Gründen unberücksichtigt bleiben, außerdem wurden zur Ermöglichung einer sinnvollen Berechnung des Kontingenzkoeffizienten die Statements eins und zwei zu einer Kategorie eines dichotomischen Gesellschaftsbildes zusammengefaßt.

Da die 147 „Parteilosen", d. h. die befragten jungen Angestellten ohne Nennung einer bestimmten Partei, mit ihrer Verteilung des jeweils bevorzugten Gesellschaftsbildes wieder zwischen den Personen mit ÖVP- bzw. SPÖ-Präferenz liegen, kann das vorliegende

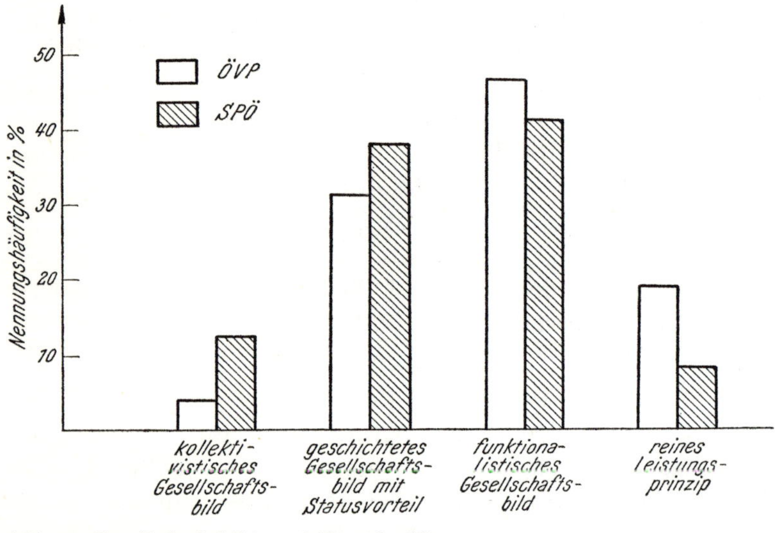

Abb. 2. Gesellschaftsbild und Parteipräferenz

Ergebnis dahingehend interpretiert werden, daß die Entscheidung für die Nennung einer bestimmten Partei mit einer typischen Ausprägung der subjektiven Leistungseinstellung einhergeht. So wird von Personen, die als Partei die ÖVP genannt haben, häufiger der individualistisch-leistungszentrierte Pol der Skala betont, während Personen mit SPÖ-Präferenz etwas häufiger eine eher kollektivistisch-dichotomische Vorstellung von der Gesellschaft erkennen lassen. Der Unterschied über die Gesamtverteilung ist zwar signifikant, doch ist nicht zu übersehen, daß von der überwiegenden Mehrheit eine funktionalistische Ansicht vertreten wird (vgl. Abb. 2). Die Betrachtung der Häufigkeitsverteilungen nach Parteipräferenz läßt überdies ein weiteres bemerkenswertes Faktum erkennen. Die Meinungsverteilung bei Personen mit ÖVP-Präferenz zeigt einen deutlichen Gipfel; dies bedeutet, daß es sich um eine relativ einheitliche Gruppe handelt, die hinsichtlich ihres Gesellschaftsbildes eine geringere Streuung aufweist. Die Verteilung der Meinungen von Personen mit SPÖ-Präferenz hat nun aber einen eher breiten Gipfel und zeigt eine Art Normalverteilung. Dies besagt, daß es sich hier weniger um eine homogene Ansicht über die Struktur der Gesellschaft handelt. Sehr wahrscheinlich liegen dieser Verteilung zwei Grundverteilungen relativ homogener Art zugrunde, nämlich

Verteilung 1: Personen, die eine eher kollektivistische Klassen-Vorstellung vertreten;

Verteilung 2: Personen, die ein funktionalistisches Gesellschaftsbild bevorzugen, bei dem es einen leistungsabhängigen individuellen Aufstieg gibt.

Die auftretende signifikante Korrelation des bevorzugten Gesellschaftsbildes mit dem *Alter* der Befragten legt es nahe, einen generationsspezifischen Wandel der Meinungen anzunehmen (Tab. 17).

Tabelle 17. *Gesellschaftsbild und Alter*
$N = 494$ (keine Antwort: 2)

Gesellschaftsbild	Alter: bis 24		Alter: 24—27		Alter: über 27		Gesamt
	f	%	*f*	%	*f*	%	
Dichotomisch	8	4,2	18	10,6	19	14,2	45
Mehrstufig-geschichtet mit Statusvorteilen	60	31,6	63	37,1	45	33,6	168
Funktionalistisch	91	47,9	74	43,5	57	42,5	222
Reine Leistungsgesellschaft	31	16,3	15	8,8	13	9,7	59
	190	100,0	170	100,0	134	100,0	494

$C_{cor} = 0{,}21$; $p < 0{,}02$.

Obgleich die erfaßte Stichprobe lediglich einen Zeitraum von etwa 10 Jahren altersmäßig umfaßt, treten trotzdem erstaunlicherweise solche Unterschiede der individuellen Auffassung auf. Die jüngeren Befragten sind deutlich stärker der Ansicht, daß es verschiedene Funktionen in der Gesellschaft gibt, die nach Leistung erreichbar sind. Demgegenüber denken die älteren Angestellten deutlich öfter an eine geschichtete, eher der individuellen Leistung Widerstände entgegensetzende Gesellschaft. Eine Erklärung dafür liegt vermutlich in der Verschiedenheit der Erfahrungen dieser Personen. Während die Jüngeren erst vor kurzer Zeit in den Arbeitsprozeß eingegliedert sind und bereits in den Genuß von Leistungen kommen, die sie als „selbstverständlich" (Hofstätter) betrachten, haben die Älteren wohl schon häufiger anders gelagerte Erfahrungen gemacht. Umgekehrt schlägt sich vielleicht auch hier der Prozeß einer zunehmenden Betonung der Leistungsorientierung in Richtung einer Leistungs- und Lerngesellschaft nieder, der nach Scharmann zur Herausbildung eines besonderen Typs, nämlich des „Industriebürgers" führt. In diese Richtung weist auch, wie im nächsten Abschnitt gezeigt wird, die Verringerung der psychologischen Distanz zu den Arbeitern (vgl. Braun und Fuhrmann, 1970).

2. Verhältnis zu den Arbeitern

Nur 36,7 % der Befragten sind der Meinung, daß bei den Angestellten eine ähnlich starke Veränderung des Ansehens in den letzten Jahrzehnten eingetreten sei, wie dies bei den Arbeitern der Fall ist. Da die Begründungen für diese Meinung außerordentlich stark streuen, wurde zum Zwecke einer genaueren Erfassung der Relationen zwischen Angestellten und Arbeitern ein fünfstufiges Kategorienschema folgender Art vorgegeben:

a) Parallelentwicklung von Angestellten und Arbeitern nach oben, gleicher Abstand
b) Arbeiter haben sich stark verbessert, Angestellte weniger
c) Arbeiter haben sich sehr stark verbessert, Angestellte weniger
d) Heute praktisch gleiches Niveau, da Arbeiter Unterschied aufgeholt haben, Angestellter blieb fast gleich
e) Arbeiter partiell sogar bessergestellt

Durch diese Skala werden also verschiedene Stufen der sozialen Distanz repräsentiert. Aus Gründen der starken Divergenz der Aussagen waren 106 Befragte nicht eindeutig einstufbar und mußten deshalb hier unberücksichtigt bleiben. Aus statistischen Gründen wurden schließlich noch die Kategorien 2 mit 3 sowie 4 mit 5 zusammengefaßt, so daß schließlich folgende 3 Stufen für die Analyse herangezogen wurden:

(1) Parallelentwicklung mit gleichem Abstand zwischen Angestellten und Arbeitern
(2) Vergleichsweise Besserstellung der Arbeiter, Annäherung
(3) Heute praktisch gleiches Niveau, kein Unterschied mehr

Im Gesamtergebnis streuen die Meinungen etwa gleichmäßig zu je einem Drittel über die drei möglichen Kategorien der sozialen Distanz zu den Arbeitern. Interessanterweise tritt mit dem *Alter* eine signifikante Korrelation auf: Die älteren Befragten (über 27 Jahre), die die Verhältnisse länger überblicken und den vorhergehenden Zustand noch besser kennen, betonen signifikant stärker die Besserstellung der Arbeiter ($C_{cor} = 0{,}19$; $p < 0{,}01$).
Auch beim *Geschlecht* ergab sich eine unterschiedliche Verteilung der Meinungen. Während bei den Frauen stärker der Abstand zu den Arbeitern betont wird, vertreten die Männer häufig die Meinung, daß heute praktisch kein Unterschied mehr besteht (vgl. Tab. 18).

Tabelle 18. *Distanz zu den Arbeitern nach Geschlecht (ohne 106 nicht einstufbare Nennungen)*
$N = 390$

	Geschlecht				
	männlich		weiblich		Gesamt
	f	%	*f*	%	*f*
(1) Gleicher Abstand	58	24,7	55	35,5	113
(2) Annäherung	75	31,9	50	32,3	125
(3) Kein Unterschied	102	43,4	50	32,3	152
	235	100,0	155	100,1	390

$Chi^2 = 6{,}74$; $FG = 2$; $p < 0{,}05$.

Berücksichtigt man, daß die männlichen Angestellten unserer Stichprobe im Durchschnitt eine höhere berufliche Position als die Frauen einnehmen und daß sie den individuellen Prestige-Wert von ihren fachlichen Leistungen ableiten können, so ist in Einklang mit unserer theoretischen Annahme (Hypothese 2) verständlich, warum die weiblichen Angestellten unserer Stichprobe aus Gründen der Distanzierung von den ihnen funktionsmäßig näher stehenden Arbeitern die Statusunterschiede relativ häufiger betonen müssen. Überdies wird von den Befragten erwähnt, daß sich die beobachteten Veränderungen vor allem auf die Erhöhung des Einkommens beziehen. Es wird auch darauf hingewiesen, daß die Angestellten im Vergleich zu den Arbeitern sich vor allem durch folgende Merkmale unterscheiden:

— Angestellte kommen leichter in höhere gesellschaftliche Kreise, d. h. Angestellte genießen ein höheres Sozial-Prestige;
— Angestellte können selbständiger arbeiten, d. h. Angestellte verrichten eine höher qualifizierte Tätigkeit.

Aus diesen genannten Inhalten der Veränderung geht die psychologische Distanzierung zum Arbeiter (genauer zum Image des Arbeiters) und eine mit der Hypothese übereinstimmende Orientierung „nach oben" mit aller Deutlichkeit hervor.
Als Erklärung für die Veränderung werden übereinstimmend folgende Hauptmerkmale genannt, deren Reihung hier nach Häufigkeit der Nennung erfolgt:

— Verbesserung der Sozialeinrichtungen, Sozialpolitik;
— Verbesserung der Wirtschaft;
— Allgemein bessere Ausbildung;
— Technischer Fortschritt;
— Allgemein verbesserte Lebensbedingungen;
— Gewerkschaftliche Organisation, Betriebsräte.

Zusammenfassend kann man feststellen, daß sich etwa zwei Drittel der jungen Angestellten mehr oder weniger deutlich von den Arbeitern distanziert erleben, wenngleich auch betont wird, daß die Verbesserungen durch die wirtschaftliche Entwicklung, durch den technischen Fortschritt und durch eine verbesserte Sozialpolitik allgemein allen zugute kommen.

3. Verhältnis zu den Beamten

Auch im Verhältnis zu den Beamten lassen sich deutliche Unterschiede feststellen.

Zu diesem Zweck wurde zunächst einmal zur Erfassung der generellen Einstellung danach gefragt, welche Gründe es im allgemeinen für das Ergreifen der Beamtenlaufbahn gebe. Die wichtigsten Angaben sind in Tab. 19 nach Häufigkeit der Nennung angeführt.

Bereits hier zeichnet sich deutlich das Image des „typischen" Beamten ab, wobei aus der Sicht der Angestellten in den Formulierungen eine negative Bewertung zum Ausdruck kommt. Mit Abstand an

Tabelle 19. *Gründe für Beamtenlaufbahn (Mehrfachnennungen möglich)*
N = 496

	f	%
1. Mehr Sicherheit, sichere Existenz, Altersversorgung . . .	352	70,9
2. Ruhigere, leichtere Arbeit	167	33,7
3. Günstigere Arbeitszeit, mehr Freizeit	94	19,0
4. Sicheres Vorwärtskommen, automatische Vorrückung, weniger Konkurrenz	66	13,3
5. Größerer Verdienst, Gehaltssteigerung	53	10,7
6. Mehr Ansehen, Tradition	45	9,1

erster Stelle der Nennungen steht das Sicherheitsmotiv, dann folgen eine ruhige, leichte Arbeit („ruhige Kugel"), günstigere Arbeitszeit und eine automatische Vorrückung mit weniger Konkurrenz.

Die außerordentlich starke Betonung des Sicherheitsmotivs weist ferner psychologisch darauf hin, daß das Problem der Existenzsicherheit bei den jungen Angestellten einen hohen Aktualitätsgrad besitzt, der sich aus der spezifischen Arbeits- und Berufssituation der Angestellten erklärt. Da sich nach Neuloh (S. 91 f.) das besondere Sicherheitsbewußtsein des Angestellten aus der persönlichen Leistung und aus der Überzeugung ableitet, zum unentbehrlichen Stamm des Personals zu gehören, so ist die Betonung dieser Eigenschaft beim Image des Beamten wohl in einem engen systematischen Zusammenhang mit den Befunden zur Aufstiegs- und Leistungsmotivation, sowie dem Grad der Identifikation mit dem Betrieb zu sehen.

Weitere Hinweise zum Verständnis des Verhältnisses zu den Beamten lieferte die direkte Frage, aus welchem Grund die Befragten selbst die Beamtenlaufbahn nicht ergriffen haben (Tab. 20).

Die angegebenen Gründe lassen sich der Tendenz nach in distanzierende Begründungen und in solche einteilen, die ein positives Interesse bekunden. Offensichtlich gibt es nämlich einen Teil der Befragten, der die Beamtenlaufbahn tatsächlich vorgezogen hätte,

Tabelle 20. *Begründung der eigenen Berufswahl (Mehrfachnennungen möglich)* $N = 496$

	f	%
a) *Distanzierte Begründung:*		
1. (Anfangs) zu geringer Verdienst	128	25,8
2. Eintönige Arbeit, würde mich nicht befriedigen	118	23,8
3. Liegt mir nicht, nicht der Typ dazu	111	22,4
4. Starres Schema, System zu starr	64	12,9
5. Geringe Aufstiegschancen, dauert zu lange	39	7,9
6. Man muß als Angestellter mehr leisten, jedoch hat man auch mehr Möglichkeiten	37	7,5
7. Beziehungen nötig	20	4,0
8. Für eine Frau weniger interessant	18	3,6
9. Mit jetzigem Beruf zufrieden	17	3,4
10. Keine Zukunft, es gibt zu viele Beamte	5	1,0
11. Bin praktisch Beamter	5	1,0
b) *Interessierte Begründung:*		
1. Keine entsprechende Schulbildung	55	11,1
2. Hatte keine Möglichkeit (zu viele Bewerber, am Ort nicht möglich usw.)	44	8,9
3. Vorher nicht überlegt	17	3,4
4. Einfluß der Eltern	17	3,4

wenn eine entsprechende Qualifikation vorhanden gewesen wäre. Im übrigen zeigen sich bei der distanzierenden Begründung gegenüber dem Tätigkeitsbereich der Beamten im wesentlichen die gleichen Merkmale die bei den Nachteilen der eigenen Tätigkeit (vgl. S. 38 genannt wurden: geringer Verdienst, Eintönigkeit der Arbeit, starres Schema und geringe Aufstiegschancen.

Zusammengefaßt findet sich bei den jungen Angestellten als *Image des Beamten* folgender Vorstellungskomplex:

> Ruhige und geordnete Tätigkeit mit sehr hoher Sicherheit, d. h. ohne Risiko, im Rahmen eines relativ starren Schemas, das zwar automatischen Vorrückungen, jedoch nur ein langsames Aufsteigen im Laufe der Zeit ermöglicht; vor allem in jungen Jahren geringes Gehalt, unabhängig von der tatsächlichen Leistung, jedoch hohes Ansehen aufgrund langer Tradition.

Im Gegensatz dazu erlebt sich der *junge Angestellte* im *Selbst-Image* als dynamische Persönlichkeit, die in selbständiger Weise eine interessante und abwechslungsreiche Tätigkeit durchführt; durch Fachwissen, Wendigkeit und Dynamik ist es möglich, außerhalb jeglichen Schemas die sich bietenden Aufstiegschancen zu nutzen, wobei freilich ein gewisses Risiko bewußt in Kauf genommen wird. Die Sicherheit leitet sich dabei von der individuellen Leistungsfähigkeit und vom Grad der Unentbehrlichkeit für die Firma ab.

Nach unseren Erfahrungen gibt es aber gerade im Zusammenhang mit den Merkmalen der Tätigkeit selbst fließende Übergänge zwischen dem Selbstverständnis des Angestellten und dem des Beamten, so vor allem im Bereich des Geldverkehrs und der Versicherungen (z. B. Gebietskrankenkasse, Pensionsversicherungsanstalten) als den klassischen Domänen des „Privatbeamten", wo einerseits durch die Merkmale des Arbeitsverhältnisses und andererseits durch die Bezeichnung der Dienststellung beispielsweise als „Bankbeamter" deutliche Analogien gegeben sind. Interessanterweise berichten CLAESSENS, FUHRMANN u. a. (1959) über ähnliche Ergebnisse ihrer Untersuchungen in Berlin.

D. Politisches Engagement und Verhältnis zu Interessenvertretungen

Bedingt durch die Vielschichtigkeit des Problems ließen sich aus dem theoretischen Konzept keine speziellen Hypothesen zum Bereich des politischen Interesses, der Bereitschaft zu politischem Engagement und zum Verhältnis zu Interessenvertretungen mit hinreichender Sicherheit ableiten (Fragen 58 bis 66 des Fragebogens). Es wurde lediglich anhand der Ergebnisse von anderen Untersuchungen vermutet, daß die individuelle Beziehung der jungen Angestellten zu solchen Institutionen im ganzen eher pragmatisch akzentuiert sei und daß die männlichen Angestellten generell ein stärkeres Interesse bekunden müßten.

1. Politisches Engagement

Aus der Jungarbeitererhebung von TH. SCHARMANN wurde der Fragenkomplex zur Erfassung des Interesses für Politik und der Bereitschaft zu politischem Engagement als Ganzes übernommen, um die direkte Möglichkeit des Vergleiches zu wahren. Während sich bei den Arbeitern in Österreich bei empirischen Untersuchungen eine ziemlich eindeutige politische Orientierung zeigt, trifft dies für die Angestellten aufgrund ihrer heterogenen Zusammensetzung und wegen ihrer typischen Zwischenstellung zwischen Management und Arbeitern nicht zu (vgl. STIEFBOLD u. a., S. 534). Vielmehr ist bei den Angestellten als Gesamtgruppe eine eher ausgeglichene Präferenzstruktur bezüglich der beiden Großparteien ÖVP und SPÖ festzustellen. In den letzten Jahren hat sich jedoch in Abhängigkeit von der politischen Gesamtsituation eine leichte Verschiebung zu Gunsten der SPÖ ergeben, die sich vor allem bei den Wählern unter 35 Jahren bemerkbar machte.

Es wurde bereits bei der Beschreibung der Stichprobe die Frage diskutiert, inwieweit durch einen möglichen systematischen Fehler bei der Auswahl der Befragungspersonen eine Verzerrung der Stichprobe für das Merkmal „politische Orientierung" eingetreten ist. Die tatsächlich geäußerte Partei-Präferenz läßt nun aber eine Schätzung der Verzerrung anhand von Vergleichsmaterial zu. Da keine unmittelbar vergleichbaren Zahlen zur Verfügung standen,

Tabelle 21. *Vergleich der Arbeiterkammerwahl 1969 und der politischen Orientierung der vorliegenden Stichprobe junger Angestellter*

	AK-Wahl		Junge Angestellte der vorl. Untersuchung	
	Wahlkörper „Angestellte" (in Tausend gerundet)	%	*f*	%
Keine Stimmabgabe, kein polit. Interesse	22,3	31,7	147	29,6
SPÖ	25,6	36,4	225	45,4
ÖVP (ÖAAB)...........	16,3	23,2	106	21,4
FPÖ	4,3	6,1	16	3,2
Sonstige (und ungültige Stimmen)	1,8	2,6	2	0,4
	70,3	100,0	496	100,0

wird als Vergleichsgrundlage das Ergebnis der Arbeiterkammerwahl 1969 für Oberösterreich herangezogen (vgl. AKL-Pressedienst, Nr. 1191). Die beiden Ergebnisse sind in Tab. 21 einander gegenübergestellt.

Tabelle 22. *Beschäftigung mit Politik nach Geschlecht, Alter und Berufsniveau*

a) *Geschlecht:*

Beschäftigung mit Politik	männlich ($N=282$)	weiblich ($N=214$)
Ja	77,3%	38,8%
Nein	22,7%	61,2%
	100,0%	100,0%

$r_{phi} = -0{,}39$; $p < 0{,}01$;

b) *Alter:*

Beschäftigung mit Politik	bis 24 ($N=190$)	24 bis 27 ($N=170$)	über 27 ($N=134$)
Ja	46,8%	65,7%	73,9%
Nein	53,2%	34,3%	26,1%
	100,0%	100,0%	100,0%

$C_{cor} = 0{,}30$; $p < 0{,}01$;

c) *Berufsniveau:*

Beschäftigung mit Politik	Berufsniveau 1 ($N=43$)	2 ($N=349$)	3 ($N=56$)	4 ($N=48$)
Ja	37,2%	60,7%	64,3%	77,1%
Nein	62,8%	39,3%	35,7%	22,9%
	100,0%	100,0%	100,0%	100,0%

$C_{cor} = 0{,}24$; $p < 0{,}01$;

Geht man von der realistischen Annahme aus, daß die Unterlassung einer Stimmabgabe ein Indikator für fehlendes politisches Interesse ist, was in Tab. 21 geschah, dann ergeben sich durchaus ähnliche Prozentzahlen. Da sich unsere Stichprobe im Gegensatz zu den Wahlberechtigten nur aus jungen Angestellten zusammensetzt, dürfte unter Berücksichtigung des parteipolitischen Trends der letzten Jahre nur eine verhältnismäßig geringfügige Verzerrung der Stichprobe vorliegen.

Von den befragten jungen Angestellten gaben 60,4 % eine positive Antwort auf die Frage nach einer *Beschäftigung mit politischen Fragen.* Interessant sind aber die gefundenen statistischen Beziehungen mit anderen Analysemerkmalen (vgl. Tab. 22 a—c).

Die größten Unterschiede des politischen Interesses ergaben sich für die Trennung nach Geschlecht (vgl. Tab. 22a). Während sich bei den männlichen Angestellten unserer Stichprobe 77,3% für Politik interessieren, sind dies bei den weiblichen Befragten nur 38,8%. Das Verhältnis Interessierte zu Nicht-Interessierte kehrt sich also bei den Frauen um. Die beiden Geschlechter scheinen sich also entsprechend der Vermutung auch hier wieder an ihre typische Rolle zu halten, wonach die Politik „etwas für Männer" ist.

Das Interesse für Politik liegt bei den männlichen Angestellten sogar deutlich über dem Prozentsatz von 66% bei den jungen Arbeitern in Deutschland bzw. von 57% bei den schweizerischen jungen Arbeitern (vgl. Th. Scharmann, 1967, S. 286). Der auftretende Unterschied kann jedoch nur mit Vorsicht generalisiert werden, da die Stichprobe der Jungarbeiter wesentlich jüngere Jahrgänge umfaßt (bis 24 Jahre), und da die Erhebung zeitlich einige Jahre zurückliegt. Es zeigte sich nämlich bei der vorliegenden Untersuchung, daß das politische Interesse signifikant mit steigendem Alter, sowie mit steigendem Berufsniveau zunimmt (vgl. Tab. 22b und c). Dieses Ergebnis besagt, daß mit dem Hineinwachsen in die gesellschaftlichen Verpflichtungen und mit zunehmender Integration mit der Gesellschaft ein steigendes politisches Interesse einhergeht.

Auffallende Unterschiede sind bei der *Bereitschaft zu politischem Engagement* zu beobachten (vgl. Tab. A12). Übereinstimmend mit dem Grad des politischen Interesses sind die Männer auch signifikant häufiger Mitglied einer politischen Partei als Frauen ($p < 0{,}01$). Ebenfalls statistisch gesichert ist die Relation mit dem Alter der Befragten: mit ansteigendem Lebensalter steigt der Prozentsatz der Parteimitgliedschaft linear von 17,9% der Altersgruppe bis 24 Jahre auf 41,8% bei Personen über 27 Jahre. Beide Befunde stehen zwar aufgrund des höheren Durchschnittsalters der Männer in der Stichprobe im Zusammenhang, die Stärke des Zusammenhangs läßt sich jedoch nicht allein aus der Korrelation mit dem Geschlecht erklären.

Die Bereitschaft zu politischem Engagement steht auch in Beziehung mit der Partei-Präferenz und mit der sozialen Herkunft (social background) der Befragten. So sind Personen, die auf die Frage nach einer ihnen „entsprechenden" Partei die SPÖ nennen, in weit höherem Maße bereit, sich parteilich zu organisieren

(64,9 %) als Personen mit ÖVP-Präferenz (48,1 %), wobei die Partei-Präferenz ihrerseits mit der sozialen Herkunft, gemessen am Berufsstatus des Vaters, statistisch in Verbindung steht. Befragte aus unteren und mittleren Schichten sympathisieren überwiegend mit der SPÖ, während Personen aus gehobenen Schichten relativ häufiger die ÖVP nennen (vgl. auch STIEFBOLD u. a., S. 532). Bemerkenswert und ergänzend zu den oben beschriebenen Befunden ist die Tatsache, daß befragte junge Angestellte mit einem akademisch gebildeten Vater eine deutlich abgehobene Verhaltensweise zeigen. Von diesem Personenkreis sind nur 25 % Parteimitglied oder wären bereit, in eine politische Partei einzutreten. Sie stellen auch mit 47,4 % „Parteilosen" gegenüber knapp dreißig Prozent der restlichen jungen Angestellten den höchsten Anteil ($p < 0{,}01$). Dieser geringen Bereitschaft zu politischem Engagement stehen Mitgliedschaftsanteile von über vierzig Prozent bei den übrigen Befragten gegenüber. Mit den anderen Variablen ergaben sich nur zufällige Abweichungen. Da insgesamt nur 16 Nennungen für die FPÖ abgegeben wurden, ist aus statistischen Gründen für diese kleine Gruppe eine Analyse nicht möglich.

Im ganzen ist man überwiegend der Meinung, es sei besser, wenn es mehrere Parteien gibt (60,9 %), wobei hier die männlichen Befragten signifikant häufiger dieser Meinung sind. 27,4 % der Befragten nennen zwei Parteien und nur 11,7 % würden eine Partei vorziehen. Mit den Merkmalen Partei-Präferenz, Mitgliedschaft u. a. ergaben sich keine signifikanten Beziehungen.

Zusammenfassend kann man festhalten:

1. Es besteht bei den jungen Angestellten im allgemeinen ein hoher Grad an politischem Interesse, das sich bei einem Großteil auch in der Bereitschaft manifestiert, in eine bestehende Partei einzutreten, sofern sie nicht schon Mitglied einer Partei sind.

2. Frauen fühlen sich gemäß der ihnen von der Gesellschaft zugeteilten üblichen Rolle relativ weniger kompetent für den politischen Bereich als die Männer. Dieser geschlechtsspezifische Unterschied läßt sich hinsichtlich der Bereitschaft zu einer politischen Bindung (Mitgliedschaft) ebenfalls beobachten.

3. Der soziale Standort der Herkunftsfamilie, sowie die eigene Position im Beruf und in der Gesellschaft stehen in engem Zusam-

menhang mit der individuellen parteipolitischen Orientierung und damit verbunden auch mit dem Verhalten.

2. Einstellung zur Gewerkschaft

Zur Erfassung der Einstellung gegenüber der Gewerkschaft (der Privatangestellten) wurde bei der Untersuchung eine ganze Reihe von Fragen verwendet, die sich auf Mitgliedschaft, Beitrittsmotivation, Inanspruchnahme der Gewerkschaft sowie auf die besonderen Erwartungen hinsichtlich der Aufgaben der Gewerkschaft beziehen.

a) Mitgliedschaft

Bei der befragten Stichprobe sind insgesamt 64,3 %, also etwa zwei Drittel, Mitglied der Gewerkschaft. Diese Zahl ist im Vergleich zur Bundesrepublik Deutschland sehr hoch, wo der Anteil wesentlich niederer liegt (vgl. HARTFIEL, 1961), ja selbst im Vergleich mit den jungen Arbeitern (vgl. SCHARMANN, 1967, S. 252). Die Kontrolle des Einflusses verschiedener Grundbedingungen auf die Tatsache einer Mitgliedschaft erbrachte eine Reihe von statistisch signifikanten Ergebnissen.

Die geringere Bereitschaft der weiblichen Angestellten, sich in irgendeiner Form politisch zu binden, bestätigt sich vor allem auch in einer geringeren Häufigkeit der Mitgliedschaft bei der Gewerkschaft mit 59,3 % gegenüber 68,1 % bei den Männern. Die direkte Kontrolle der Beziehung zwischen politischem Interesse und Gewerkschafts-Mitgliedschaft untermauerte diesen grundsätzlichen Zusammenhang ($p < 0{,}01$). Ein ähnlicher, ebenfalls sehr signifikanter Unterschied zwischen Männern und Frauen ergibt sich aus der Analyse der Aktivitätsniveaus; während 10,9 % der männlichen Mitglieder eine Funktion in der Gewerkschaft ausüben, spielen die Frauen mit 4,8 % eine weniger aktive Rolle (vgl. SAGEDER, S. 46). Darüberhinaus besteht aber auch eine direkte Beziehung mit der Partei-Präferenz. Personen, die der SPÖ nahestehen, sind mit 80,4 % wesentlich häufiger Gewerkschaftsmitglied als Personen mit ÖVP-Präferenz, von denen nur 45,3 % bei der Gewerkschaft sind ($r_{phi} = -0{,}36$; $p < 0{,}01$). Personen mit FPÖ-Präferenz und die „Parteilosen" liegen mit ihrem Gewerkschaftsmitgliedschaftsanteil mit 56,3 % bzw. 55,1 % dazwischen.

Ferner ließen sich wie bei der Einstellung zur Politik ähnliche statistisch gesicherte Relationen mit dem Lebensalter und mit dem sozio-ökonomischen Status nachweisen.

Zur Überprüfung der Beitrittsgründe und zur *Abschätzung der Überzeugungsstärke* wurde in einer Fragensequenz erhoben, ob der Befragte auch in einem „anderen“ Betrieb, in einem Großbetrieb bzw. in einem Kleinbetrieb Mitglied der Gewerkschaft wäre. Auf diese Weise sollte eine Abgrenzung der inneren Beitrittsgründe von den externen Einflüssen auf die Entscheidung für eine Mitgliedschaft ermöglicht werden.

Als Hauptergebnis ist zunächst zu beobachten, daß nach Meinung der Befragten 81,3% in einem Großbetrieb und nur 53,4% in einem Kleinbetrieb Gewerkschaftsmitglied wären. In der Tat zeigt sich objektiv eine signifikante Beziehung zwischen Mitgliedschaft und Betriebsgröße ($p < 0{,}01$), wonach in Betrieben bis 100 Mann Belegschaft 50,4% und in Betrieben über 100 Mann Belegschaft 69,2% der Befragten Gewerkschaftsmitglied sind. Diese erstaunliche Übereinstimmung von subjektiver Erwartung mit den tatsächlichen, objektiv gegebenen Verhältnissen ist ein Beispiel für die subjektive Präsenz von Sachverhalten, deren Wirksamkeit für die Verhaltenssteuerung vor allem in ihrer antizipatorischen Funktion begründet ist.

Aufschlußreich ist die Trennung nach männlichen und weiblichen Befragten (vgl. Abb. 3). Bei den Angaben über eine fiktive Mit-

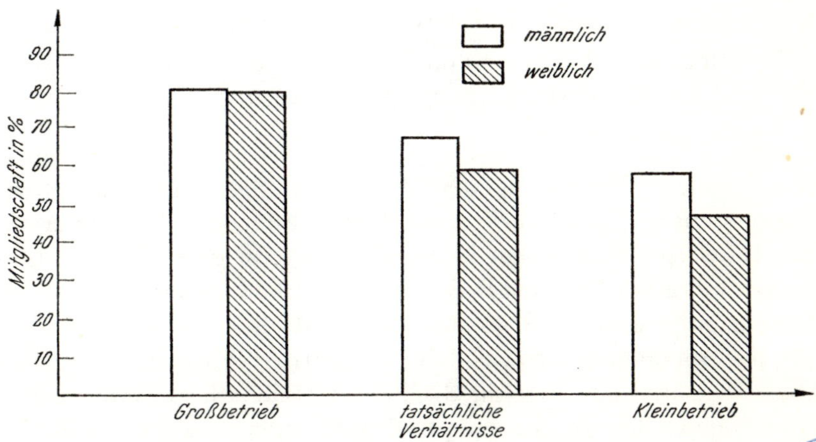

Abb. 3. Vermutete Mitgliedschaft nach Groß- und Kleinbetrieb

gliedschaft in einem *Großbetrieb* treten bei den männlichen und weiblichen Angestellten mit 81,8% und 81,2% überhaupt keine Unterschiede auf. Bemerkenswert ist nun aber, daß die Angaben zum *Kleinbetrieb* mit 58,5% bei Männern und 47,2% bei Frauen wesentlich tiefer liegen und außerdem eine zusätzliche geschlechtsspezifische Differenz aufweisen, die in ähnlicher Größe auch bei dem tatsächlichen Verhalten zu verzeichnen war.

Diese Ergebnisse zeigen, daß in den vorhandenen Vorstellungen tatsächlich realistische Bedingungen berücksichtigt werden. Die unterschiedliche Bereitschaft zu gewerkschaftlicher Bindung ist natürlich nur dann an den Proportionen der Mitgliedschaft abzulesen, wenn keine gerichteten externen Einflüsse wirksam sind. Die Reduktion der Streuung in Richtung eines konformistischen Verhaltens unter den Bedingungen des Großbetriebes weisen jedoch eindeutig auf die Wirksamkeit von externen Faktoren hin. Tatsächlich geben die Befragten in Großbetrieben solche Gründe an wie „Beitritt ist üblich", „es gab keine andere Möglichkeit" (vgl. SAGEDER).

b) Motivation der Mitgliedschaft

Als zusätzliches Kriterium wurde die Begründung des Beitritts herangezogen (vgl. Tab. A 13). Die angegebenen Gründe lassen sich in drei Hauptkomplexe zusammenfassen, die hier ihrer Wichtigkeit nach angeführt sind:

1. Überzeugung, daß eine Interessenvertretung notwendig ist;
2. Sozialer Zwang in Form von Tradition oder Überredung, sowie Vermeidung der Position eines Außenseiters;
3. Persönliche Vorteile.

Die genauere Betrachtung der Wichtigkeit dieser Motivkomplexe anhand unserer Analyse-Variablen erbrachte einige charakteristische Schwerpunktunterschiede. So wird in recht guter Übereinstimmung mit allen übrigen Befunden signifikant häufiger von den Frauen angegeben, daß die Mitgliedschaft mit persönlichen Vorteilen verbunden sei, sowie daß der Beitritt üblich sei ($p < 0,01$). Diese Tatsache unterstreicht die bereits mehrfach genannte geringere innere Bereitschaft zu politischem oder gewerkschaftlichem Engagement.

Hingegen sprechen Männer statistisch gesichert öfter von Solidarität und Überzeugung als Mitgliedschaftsgrund.

Entsprechend der gefundenen statistischen Beziehungen im Bereich des politischen Interesses zeigten sich Zusammenhänge mit der parteipolitischen Orientierung. Befragte, die überhaupt keine Partei angegeben haben, d. h. die „Parteilosen", haben relativ die meisten Nennungen beim Komplex „Beitritt üblich, will kein Außenseiter sein" mit 48,2 %, gefolgt von den Personen mit ÖVP-Präferenz (43,8 %) und an letzter Stelle Befragte mit SPÖ-Sympathie (30,4 %). Die umgekehrte Reihung ergibt sich für den Motivkomplex „Stärkung der Interessenvertretung" mit 74,6 % bei SPÖ-Sympathie, 64,6 % bei ÖVP-Sympathie und 53,1 % bei den „Parteilosen".

Das Ergebnis besagt, daß die „solidaristische Einstellung" (Th. Scharmann, 1970) am stärksten bei Personen mit SPÖ-Präferenz ausgeprägt ist, schwächer bei ÖVP-Präferenz und verhältnismäßig gering bei den Parteilosen.

Einen eher pragmatischen Standpunkt nehmen Angestellte in unteren Berufspositionen und die jüngeren Angestellten ein. Sie betonen relativ häufiger die Möglichkeit einer persönlichen Hilfe durch die Gewerkschaft als Beitrittsgrund ($p < 0,05$), hingegen tritt bei diesem Personenkreis das solidaristische Motiv etwas zurück.

Geht man davon aus, daß die Aussagen der befragten jungen Angestellten tatsächlich die Wirklichkeit abbilden, so lassen sich vor allem drei allgemeine Motivkomplexe als Gründe für einen Beitritt zur Gewerkschaft unterscheiden:

(1) ein *solidaristischer* Motivkomplex, bei dem es primär um eine Stärkung der Interessenvertretung als solcher geht,

(2) ein *pragmatisch-utilitaristischer* Motivkomplex, der sich auf die Nützlichkeit der Gewerkschaft für die Verwirklichung persönlicher Ziele bezieht, und schließlich

(3) ein Motivkomplex der *individuellen Anpassung* an soziale Situationen, wobei es darum geht, auf alle Fälle eine Außenseiterposition zu vermeiden, d. h. „in" zu sein.

Wenn auch diese Motivkomplexe in ihrer Wirksamkeit für das konkrete Verhalten nicht isoliert gedacht werden dürfen, so können sie doch akzentuierend in den Vordergrund treten. Das Anpassungsmotiv entspricht dabei idealtypisch der „Außengeleitetheit" des Verhaltens (nach D. RIESMAN), da sich die Richtung der Entscheidung aus dem sozialen Bezug ableitet, während das Solidaritätsmotiv als internalisierter, d. h. verinnerlichter Motivkomplex der Tendenz nach im Sinne der Innenlenkung wirksam ist. Es hat sich gezeigt, daß infolge eines sozialen Drucks, wie dies offensichtlich eher in größeren Betrieben der Fall ist, eine hohe Quote der Gewerkschaftsmitgliedschaft erreicht werden kann, die jedoch nach unseren Befunden bei den jungen Angestellten im allgemeinen durch eine externe Motivierung zustande kommt. Zusätzlich ist ein deutlicher Einfluß der grundsätzlichen politischen Einstellung und deren geschlechtsspezifischer Ausprägung zu beobachten, wobei sich darüber hinaus mit dem sozio-ökonomischen Status der Herkunftsfamilie und mit dem eigenen Berufsniveau ein Zusammenhang nachweisen ließ.

c) Aufgaben der Gewerkschaft

Lediglich 15,1 % der befragten Angestellten haben bisher die Gewerkschaft in irgendeiner Weise in Anspruch genommen, wobei dies der Tendenz nach Personen mit SPÖ-Präferenz häufiger getan haben. Die Gründe für die Inanspruchnahme sind vor allem Ausbildungs- und Gehaltsfragen, sowie Rechtsauskünfte im Zusammenhang mit Entlassung und Kündigung, Versetzung, sowie Arbeitszeit.

Als *Aufgaben* der Gewerkschaft werden vor allem genannt:

1. Interessenvertretung der Arbeitnehmer
2. Gehaltsverhandlungen und Gehaltsforderungen, Kollektivverträge
3. Rechtsschutz, Rechtsvertretung, Kündigungsschutz
4. Regelung der Arbeitszeit, Arbeitszeitverkürzung
5. Regelung des Verhältnisses zum Arbeitgeber

Nach SAGEDER nannten hierbei die männlichen Befragten häufiger Gehaltsfragen und Probleme des Arbeitsverhältnisses, hingegen betonten die Frauen mehr Fragen der Arbeitszeit und der Urlaubsregelung ($p < 0{,}01$). Ähnliche Unterschiede ergaben sich auch bei der Frage nach den Gebieten, auf denen die Gewerkschaft eine *besondere Aktivität* entfalten sollte. Von den Befragten wurden vor allem folgende Inhalte genannt, die hier nach Nennungshäufigkeit geordnet sind:

1. Gehaltsforderungen, Lohnforderungen
2. Arbeitszeitverkürzung
3. Preisstabilität, Preispolitik
4. Verbesserung der Sozialeinrichtungen
5. Kündigungsschutz
6. Sicherung des Arbeitsplatzes
7. Verbesserung der Arbeitsverhältnisse und der Arbeitsbedingungen
8. Mehr Urlaub, Bildungsurlaub
9. Allgemeine Aufklärung und Information

Von den hier genannten Hauptaufgaben stehen allerdings die Gehaltsforderungen mit 21,0 % und die Arbeitszeitverkürzung mit 15,1 % deutlich an der Spitze; die nächste Nennung folgt in einem deutlichen Abstand mit 8,3 % der Nennungen.

3. Einstellung zur „Arbeiterkammer“

Im Anschluß an den Fragenkomplex zur Gewerkschaft wurde auch nach der Einstellung der Befragten gegenüber der „Arbeiterkammer“, d. h. der „Kammer für Arbeiter und Angestellte“, gefragt.

Die „Kammer für Arbeiter und Angestellte“ gibt es in Österreich schon seit 1920. In ihrer jetzigen Form beziehen sie sich auf das Arbeiterkammergesetz vom 19. 5. 1954. Sie sind als Gegengewicht zu den Handelskammern die gesetzliche Interessenvertretung der unselbständig Erwerbstätigen und Körperschaften des öffentlichen Rechts mit Selbstverwaltung, sowie eigener finanzieller Grundlage durch Kammerumlage. Der Wirkungsbereich einer solchen Kammer erstreckt sich jeweils nur auf ein Bundesland, ihre Dachorganisation ist der „Österreichische Arbeiterkammertag“.

Die Arbeiterkammern sind durch Gesetze dazu berufen, „die sozialen, wirtschaftlichen, beruflichen und kulturellen Interessen der Dienstnehmer zu vertreten und zu fördern“. Aufgabenschwerpunkte sind u. a. Begutachtungsrecht bei der Erstellung von Gesetzen, sozialrechtliche Beratung und Rechtsvertretung, Betreuung der Jugend, umfangreiche Bildungsaufgaben und Förderung der beruflichen Weiterbildung sowie maßgebliche Mitarbeit an den wirtschaftspolitischen Entscheidungen, beispielsweise auch in der „Paritätischen Kommission für Lohn- und Preisfragen“.

Es zeigte sich, daß hinsichtlich der Arbeiterkammer im Vergleich zur Gewerkschaft ein wesentlich diffuseres Vorstellungsbild existiert. Knapp ein Drittel (29,8 %) konnte keine Hauptaufgabengebiete der Arbeiterkammer angegeben. Im übrigen werden als *wichtigste Aufgaben*, geordnet nach Häufigkeit der Nennung, genannt:

1. Interessenvertretung der Arbeitnehmer
2. Rechtsschutz
3. Bildungs- und Ausbildungswesen (Fortbildung, Kurse usw.)
4. Arbeitnehmerberatung
5. Sicherung und Erhaltung des sozialen Friedens, Vermittlung zwischen Arbeitgeber und Arbeitnehmer

Die nächstfolgenden Angaben weisen dann bereits auf eine Vermischung der Aufgaben der Arbeiterkammer mit denen der Gewerkschaft hin. Gefragt nach Gebieten, auf denen die Arbeiterkammer eine besondere *Aktivität* entfalten sollte, sehen sich 42,1 % (!) nicht in der Lage, eine konkrete Aufgabe zu nennen. Im übrigen ergaben sich hierbei die gleichen Aufgabengebiete, wobei allerdings das Bildungs- und Ausbildungswesen an erster Stelle steht.

In Anspruch genommen wurde die Arbeiterkammer von 13,1 % der Befragten, also etwa genau so oft wie die Gewerkschaft. In erster Linie handelt es sich hierbei um Rechtsberatung (33,8 %) und um Vorbereitungskurse (16,9 %).

Signifikante Unterschiede der Inanspruchnahme ergaben sich mit dem Geschlecht, wobei die Männer aktiver waren. Die Inanspruchnahme der Arbeiterkammer nimmt auch zu mit steigendem Lebensalter ($p < 0{,}02$) und mit aufsteigendem Berufsniveau.

Eine zusammenfassende Erklärung für diese Befunde ist wohl darin zu sehen, daß der Informationsgrad über Aufgaben und Struktur der Arbeiterkammer als Voraussetzung einer möglichen Inanspruchnahme unterschiedlich stark ausgeprägt ist. Erschwerend kommt außerdem noch die etwas verwirrende Tatsache hinzu, daß Funktionen der Arbeiterkammer und der Gewerkschaft in Personalunion, d. h. von den gleichen Personen ausgeübt werden, da die Gewerkschaften als wahlwerbende Gruppen bei der Arbeiterkammerwahl auftreten. Zudem sind in Linz auch die Amtsstellen in ein und demselben Gebäude untergebracht, so daß ein vorsprechender Angestellter kaum weiß, ob er in einem konkreten Fall die Arbeiterkammer oder die Gewerkschaft der Privatangestellten konsultiert hat.

4. Unterschied zwischen Gewerkschaft und Arbeiterkammer

Bei der direkten Frage nach dem Unterschied zwischen Gewerkschaft und Arbeiterkammer wird die Tatsache noch deutlicher, daß die Befragten die beiden Institutionen kaum auseinanderzuhalten vermögen. 207 Befragte (41,7 %) sehen überhaupt keinen und weitere 24 (4,8 %) fast keinen Unterschied. Mithin ist fast die Hälfte der jungen Angestellten nicht in der Lage, irgend eine Verschiedenheit anzugeben. Auch die übrigen Nennungen lassen sehr diffuse Vorstellungen erkennen; nur wenige, parteipolitisch aktive Angestellte konnten den tatsächlichen Unterschied angeben.

Ganz allgemein fällt die äußerst geringe Differenz der Images von Gewerkschaft und Arbeiterkammer auf. So ist zu beobachten, daß die meisten Argumente, die als Unterscheidungsmerkmal angeführt werden, für beide Institutionen in gleicher Weise gebraucht werden. Im ganzen kann man folgende Meinung herausarbeiten:

Die Gewerkschaft ist eine Institution mit freiwilliger Mitgliedschaft, während die Arbeiterkammer als gesetzliche Vertretung der Arbeitnehmer mehr oder weniger für alle Arbeitnehmer zuständig ist. Die Gewerkschaft (der Privatangestellten) ist also wesentlich stärker angestelltenspezifisch und auf die Belange der Angestellten spezialisiert.

Alle übrigen Meinungen verteilen sich zufällig auf die beiden Institutionen und ergeben kein konsistentes Gesamtbild.

5. Einstellung zu Publikationen von Gewerkschaft und Arbeiterkammer

Die in Tab. 23 angegebenen Nennungen zeigen deutlich, daß vor allem im Vergleich der Lesefrequenz anderer Zeitungen oder Zeitschriften im allgemeinen ein verhältnismäßig geringes Interesse für Publikationen der Gewerkschaft, aber besonders der Arbeiterkammer besteht.

Am besten schneidet die Zeitschrift „Solidarität" ab, die von fast der Hälfte der Befragten regelmäßig oder gelegentlich und damit

Tabelle 23. *Lesehäufigkeiten von Publikationen der Gewerkschaft und der Arbeiterkammer (ohne 15 „Unbeantwortet")*
$N = 481$

Publikation	nie		selten		gelegentlich		regelmäßig		Gesamt
	f	%	*f*	%	*f*	%	*f*	%	*f*
Solidarität	224	45,2	27	5,4	76	15,4	154	31,0	481
Der Privatangestellte ..	301	60,7	26	5,2	54	10,9	100	20,2	481

erstaunlich oft gelesen wird. Bei der Veröffentlichung „Der Privatangestellte" beläuft sich die Lesehäufigkeit noch immer auf etwa ein Drittel der Befragten. Die Publikation „AK-Report" konnte nicht in die Befragung aufgenommen werden, da sie erst seit etwa einem Jahr erscheint.

Geschlechtsspezifische Verhaltensmuster zeigen sich auch beim Lesen dieser Publikationen (vgl. Tab. 24). Hierbei sind alle „Leser" (regelmäßig, gelegentlich und selten) aus statistischen Gründen zusammengefaßt.

Tabelle 24. *Geschlecht und Lesen von Publikationen der Gewerkschaft und der Arbeiterkammer*
$N = 496$

Publikation	Es lesen von den a) Männern ($N=282$)		b) Frauen ($N=214$)		Gesamt
	f	%	*f*	%	*f*
Solidarität	169	59,9	88	41,1	257
Der Privatangestellte	124	43,9	56	26,2	180

Alle Prozentdifferenzen zwischen Männern und Frauen sind statistisch gesichert ($p < 0{,}01$). Gestützt wird dieser Befund auch durch das Ergebnis, daß Gewerkschaftsmitglieder signifikant häufiger diese Publikationen lesen.

Als besonders *interessante Themen* werden übereinstimmend vor allem genannt:

1. Aktuelle Themen, wie neue Forderungen und Verbesserungen zu Gesetzen, Löhnen und Gehältern
2. Beschreibung von Arbeitsbedingungen bei anderen Berufsgruppen und Branchen, Firmenreportagen
3. Wirtschaft, Politik

Alle übrigen Präferenzen werden nur noch von einzelnen der Befragten genannt. Ein recht klares Ergebnis liefert auch die Nennung von *negativ* bewerteten Inhalten. In erster Linie werden schwerpunktmäßig genannt:

1. Parteipolitische bzw. politische Abhandlungen
2. Reklame, Inserate
3. Funktionärsberichte aus der Gewerkschaft

Die genannten interessierenden und weniger interessierenden Inhalte drücken einen im allgemeinen sehr geringen Identifikationsgrad mit der Gewerkschaft oder der Arbeiterkammer als Organisation aus. Offensichtlich erfolgt von unseren jungen Angestellten weitgehend eine Bewertung nach subjektiver Brauchbarkeit und nach persönlicher Nutzanwendung, weniger im Hinblick auf die Bedeutung für eine mehr oder weniger anonyme Organisation oder gar eines „kollektiven Schicksals". Hier dürfte sich einerseits die geringere Bereitschaft der Frauen, sich politisch und gewerkschaftlich zu organisieren insgesamt auswirken, ferner die mehr rational-pragmatisch orientierte Einstellung der Personen mit einem funktionalistisch-dynamischen (mobilen) Gesellschaftsbild, die sich bereits bei dem nahezu ideologiefreien und nicht mehr schichtspezifisch gebundenen Gesellschaftsbild des sogenannten „Industriebürgers" gezeigt hatte (vgl. dazu die Ergebnisse bei Jaeggi und Wiedemann; Neuloh).

E. Automation und Zukunftserwartungen

Entsprechend unserer Fragestellung war den mit der Büroautomation verbundenen Vorstellungen und Zukunftserwartungen ein eigener Fragenkomplex gewidmet (Fragen 35—42 des Fragebogens). Damit nach Möglichkeit keine inhaltliche Beeinflussung oder eine Reduktion der eventuell vorfindbaren Vorstellungen, Befürchtungen und Erwartungen eintreten sollte, wurden die diesbezüglichen Fragen zumeist in offener Frageform gestellt, d. h. es wurden keine festen Antwortkategorien vorgegeben. Wie im Methodenkapitel beschrieben, wurden erst nach Vorliegen des gesamten Materials aufgrund der tatsächlich abgegebenen Nennungen Kategorien gebildet. Der Vorteil dieser Vorgehensweise besteht vor allem darin, daß keine Begrenzung der inhaltlichen Kategorien gegeben ist. Ein statistischer Nachteil besteht freilich darin, daß es bei dieser Antwortform notwendigerweise zu Mehrfachnennungen kommt, die eine Zusammenfassung der einzelnen Kategorien zu größeren Komplexen nicht erlauben, wodurch eine gewisse Erschwerung der Auswertung gegeben ist. Eine umfassendere Analyse des Automationsproblems war im Rahmen der vorliegenden Untersuchung natürlich nicht möglich.

1. Einstellung zur Büroautomation

Bevor sinnvollerweise mit einer differenzierten Analyse über die mit der Automation verbundenen Meinungen, Vorstellungen, Erwartungen und Befürchtungen begonnen werden kann, muß zunächst festgestellt werden, welchen Kontakt die Befragten bisher überhaupt schon mit solchen elektronischen Datenverarbeitungsanlagen (im folgenden kurz „EDV-Anlagen" genannt) hatten. Wie aus Tab. 25 hervorgeht, gaben 57,3 % der Befragten an, daß in ihrem Betrieb bzw. in ihrer Firma eine solche EDV-Anlage existiert. Darüber hinaus sei nach Meinung von weiteren 8,4 % der Befragten eine solche Anlage geplant.

Tabelle 25. *EDV-Anlagen und Stichprobe*
$N = 496$

EDV-Anlagen	*f*	%
vorhanden	284	57,3
geplant	42	8,4
nicht geplant	157	31,7
weiß nicht	13	2,6
	496	100,0

Der angegebene *Einsatzbereich* liegt nach Angaben der Befragten in den Bereichen

1. Buchhaltung, Rechnungswesen
2. Lohn- und Gehaltsabrechnung
3. Vertrieb
4. technischer Bereich
5. Materialwirtschaft, Lagerwesen

Eine klare Korrelation ergibt sich selbstverständlich zwischen Betriebsgröße und Einsatz von EDV-Anlagen (Tab. 26).

Tabelle 26. *EDV-Anlagen und Betriebsgröße (ohne „weiß nicht")*
$N = 480$

EDV	Anzahl der Beschäftigten 1 bis 99 *f*	%	100 und mehr *f*	%	Gesamt *f*
vorhanden	32	26,5	252	70,2	284
nicht vorhanden, geplant	9	7,4	32	8,9	41
nicht vorhanden, nicht geplant	80	66,1	75	20,9	155
	121	100,0	359	100,0	480

$Chi^2 = 86{,}85$; $FG = 2$; $p < 0{,}01$

Weiterhin wurden die Personen, gemäß deren Angaben eine solche EDV-Anlage in ihrem Betrieb bzw. in ihrer Firma existiert, danach gefragt, von wem sie über die Auswirkungen einer solchen Anlage informiert worden seien; 66,9% von ihnen gaben an, daß sie über die Auswirkung einer solchen Anlage nicht informiert worden sind. Die Informierten, mit Ausnahme der EDV-Beschäftigten selbst, sind von der Firmenleitung informiert worden oder ihre Information ist auf Eigeninitiative zurückzuführen.

Zum Zwecke einer genaueren Analyse der Einstellung gegenüber der Büroautomation wurde nun für jeden Befragten eine Maßzahl für die persönliche *Intensität des Kontaktes* mit EDV-Anlagen eingeführt (Tab. 27).

Tabelle 27. *Kontaktintensität und Häufigkeit*
$N = 496$

Intensitätsgrad	*f*	%
0 = kein Kontakt	387	78,0
1 = Kontakt ohne Veränderung der Tätigkeit	45	9,1
2 = Kontakt mit geringen Umstellungen	31	6,3
3 = Kontakt mit größeren Umstellungen (EDV-Personal!)	32	6,5
Keine Angaben	1	0,2
	496	100,1

Danach haben 387 Personen unserer Stichprobe keinen Kontakt beruflicher Art mit solchen Anlagen, während 108 Personen mehr oder weniger stark davon berührt wurden.

Übereinstimmend mit den Befunden einer Automationsuntersuchung der Kammer für Arbeiter und Angestellte für Oberösterreich im Jahr 1968 korreliert die Kontaktintensität signifikant mit der Betriebsgröße ($p < 0{,}01$).

Eine Aufschlüsselung nach den Arten der Umstellung bei Personen der Kontaktintensität 2 und 3 ergab, daß die Tätigkeit zumeist einfacher wurde, jedoch mit einer starken Umstellung und Spezialisierung, sowie mit einem höheren Genauigkeitsgrad verbunden ist (vgl. Tab. A 14). Bei den Gehaltsveränderungen gab es vorwiegend Erhöhungen; die Häufigkeiten sind jedoch für eine gesicherte

Tabelle 28. *EDV-Kontakt und Betriebsgröße*
$N = 496$

	Betriebsgröße (Anzahl der Beschäftigten) 1—99 ($N=129$)	100—499 ($N=162$)	über 500 ($N=201$)
ohne Kontakt	92,3%	77,7%	69,7%
mit Kontakt (Intensität 1 bis 3)	7,7%	22,3%	30,3%
	100,0%	100,0%	100,0%

$Chi^2 = 23{,}61$; $FG = 2$; $p < 0{,}01$

Aussage zu gering. Wie noch gezeigt werden wird, besteht aber ein nachweislicher Einfluß zwischen EDV-Kontakt und der Art der Zukunftserwartungen.

In einer eigenen Frage wurde der allgemeine Informationsgrad über EDV-Anlagen erhoben. Mehr als die Hälfte unserer Befragten (55,4 %) gaben an, sich bisher überhaupt noch nicht über solche Anlagen informiert zu haben. Für die „Informierten" ergibt sich nach den eigenen Angaben folgende Skala des Informiertheitsgrades:

Tabelle 29. *Informiertheitsgrad über EDV (nur „Informierte")*
$N = 221$

Informiertheitsgrad	*f*	%
1. Schulung, Kurse, theoretische Ausbildung	36	16,3
2. Grundkenntnisse, Allgemeinwissen	78	35,3
3. Oberflächlich, allgemeine Orientierung	77	34,8
4. Nicht einstufbar, unklar	29	13,1
5. Keine Angabe	1	0,5
	221	100,0

Der Informationsgrad 1 wird von den EDV-Berufen abgedeckt. Die übrigen Angaben sind mit einer gewissen Unsicherheit behaftet.
Direkt daraufhin angesprochen, zeigten sich 60,1 % der Stichprobe für Kurse interessiert. Berücksichtigt man die festgestellte Diskrepanz zwischen einer Weiterbildungsabsicht und der tatsächlichen Durchführung, so ist objektiv von einem wesentlich geringeren Bedarf auszugehen, besonders wenn ein Kurs-Angebot hinsichtlich Dauer oder Inhalt größere Anforderungen stellt.

2. Zukunftserwartungen

Von den befragten jungen Angestellten sind 81,2 % der Meinung, daß sich in Zukunft durch die Auswirkung von Datenverarbeitungsanlagen die Berufschancen ändern werden. Auch hinsichtlich des Inhaltes dieser Änderung herrscht bei den Befragten eine ziemliche Übereinstimmung. Es werden vor allem nach Häufigkeit der Nennungen angeführt:

1. Notwendigkeit einer speziellen Ausbildung
2. Routinearbeiten fallen weg, Vereinfachung
3. weniger Personal wird gebraucht
4. Umschulung notwendig
5. mehr qualifizierte Kräfte werden benötigt
6. bessere Verdienst- und Aufstiegschancen
7. Geschwindigkeit steigt, höhere Effizienz

Zwischen Personen ohne und mit EDV-Kontakt ergaben sich aber typische relative Häufigkeitsunterschiede der Nennungen. So nennen Befragte mit EDV-Kontakt (Intensitätsgrad 1 bis 3) signifikant *häufiger*

— Vereinfachung der Tätigkeit (mit 40,4 % gegenüber 24,1 % bei Personen ohne EDV-Kontakt);
— höhere Genauigkeit und Präzision (mit 9,6 % gegenüber 3,3 %).

Interessanterweise äußern Befragte mit EDV-Kontakt seltener die Befürchtung, daß man in Zukunft weniger Leute brauchen wird, als Personen ohne EDV-Kontakte (18,3 % gegenüber 28,3 %; $p < 0{,}01$). Im großen und ganzen ist bei unserer Stichprobe eine ziemlich gute Übereinstimmung der Zukunftserwartungen über den Einfluß der Büroautomation festzustellen, wenngleich sich dabei zeigt, daß psychologisch eine nicht näher bekannte Änderung der Lebens- und Berufssituation eher als Gefahrenquelle erlebt wird und stärkere Befürchtungen zur Folge hat.

Nach den Erwartungen der untersuchten Stichprobe läßt sich der Einfluß der Büroautomation auf den Tätigkeitsbereich des Angestellten dahingehend zusammenfassen, daß es in Zukunft vor allem für minderqualifizierte Kräfte immer schwerer werden wird, eine entsprechende Position zu halten. Die Erwartungen lassen sich auf folgende Hauptaspekte reduzieren:

— höhere Genauigkeit und Geschwindigkeit der Tätigkeit;
— Voraussetzung einer höheren beruflichen Qualifikation;
— höhere Bezahlung und bessere Aufstiegschancen für qualifizierte Kräfte;
— geringere Chancen für unqualifizierte Kräfte.

Zum Zwecke einer genaueren Bedeutungsabgrenzung der genannten Hauptaspekte wurde zusätzlich auch nach der Situation des „älteren“ und des „jüngeren“ Angestellten gefragt.

Für *„ältere“ Angestellte* werden eigentlich generell nur negative Aspekte erwähnt (Tab. A15), die von der Notwendigkeit einer Umstellung bis zur Erwartung von Frühpensionierung und Entlassung reichen. Gerade für den älteren Angestellten werden aufgrund der angenommenen erheblichen Umstellungsschwierigkeiten oder sogar der Unmöglichkeit der Umstellung recht negative Zukunftserwartungen gehegt [vgl. auch JAEGGI und WIEDEMANN, 1966(a), S. 158].

Interessanterweise ergab sich hierbei eine Korrelation mit dem Alter der Befragten, wonach mit zunehmendem Alter weniger negative Erwartungen ausgesprochen wurden. Der Grund dafür ist darin zu sehen, daß zwar allgemein ein ähnliches Image von einem typischen „älteren Angestellten“ vorhanden ist, wobei man jedoch mit wachsender Ähnlichkeit der objektiven Merkmale mit einem solchen älteren Angestellten, d. h. mit zunehmendem Lebensalter, ein günstigeres Bild zeichnet, um sein eigenes Sicherheitsbewußtsein nicht zu gefährden.

Im Gegensatz dazu sieht man allgemein für *„jüngere" Angestellte* eine erhöhte Chance, sich bei entsprechender Ausbildung gegen die älteren Angestellten durchzusetzen und schneller aufzusteigen als früher. Befürchtungen für die berufliche Zukunft werden hier kaum genannt. Eine Beziehung mit dem Lebensalter der Befragten war nicht festzustellen.

Zur Absicherung dieser Befunde wurde außerdem die (stereotype) Vorstellung über die Tätigkeit der Angestellten *vor* Einführung von EDV-Anlagen erfaßt. Es zeigte sich hierbei eine Vorstellungsstruktur, die stark an das Image des Beamten erinnert (vgl. S. 68). Als wichtigste Aspekte der Tätigkeit vor Einführung von EDV-Anlagen wurden, geordnet nach Häufigkeit der Nennung, genannt:

1. umständlich, geringere Produktivität, weniger rationell
2. größere Belastung, größere Arbeitsmenge
3. gemütlicher, weniger genau, Arbeit mehr nach Gefühl
4. mehr Angestellte waren nötig, Posten waren sicherer
5. weniger geistige Arbeit
6. Aufstiegschancen von den Dienstjahren abhängig, Protektion (d. h. nicht auf Grund der eigenen Leistung!)
7. junge Leute hatten weniger Chancen

Die Art des Vorstellungsbildes und die dabei verwendeten Formulierungen lassen erkennen, auf welche Weise sich der als „modern" erlebende junge Angestellte hinsichtlich seines Selbstverständnisses und Selbstbildes in einer distanzierten Beziehung zur beschaulichen und geordneten Tätigkeit des Angestellten „aus der guten alten Zeit" oder des Beamten als einer Art Konservierung dieses Tätigkeitsbildes sieht. Auf die genauen psychologischen Verhältnisse wird im Schlußteil noch einzugehen sein.

Trotz dieser von den Befragten allgemein angenommenen gravierenden Einflüsse der Automation auf die spezielle Berufs- und Lebenschance der Angestellten stimmen 95,0% der Befragten dieser Änderung zu und halten sie für richtig. Dieser Zustimmungsanteil ist erstaunlich hoch, aber die Befragungsergebnisse von Angestellten anderer Altersklassen erbrachten bei den Untersuchungen von Divo (Neuloh, S. 160f.), Infratest über die Automation in Bayern und auch bei JAEGGI und WIEDEMANN ähnlich positive Befunde und Zustimmungsraten von etwa neunzig Prozent. Die Notwendigkeit dieser Veränderung wird bei unserer Stichprobe mit folgenden Argumenten, geordnet nach Reihenfolge der Wichtigkeit, begründet:

1. allgemeine Tendenz zur Rationalisierung
2. moderne technische Entwicklung, technischer Fortschritt
3. wachsende wirtschaftliche Verflechtung, Konkurrenzkampf
4. Eröffnung günstigerer Aufstiegschancen für junge Leute
5. Notwendigkeit von mehr Leistung, mehr Lernen erforderlich

Offensichtlich halten praktisch alle die angenommene Entwicklung für richtig und unvermeidlich, wenn die wirtschaftliche Prosperität nicht beeinträchtigt werden soll. Es ist zu beachten, daß diese Entwicklung von den jungen Angestellten der Stichprobe befürwortet wird, obwohl sie nach allgemeiner Überzeugung für die älteren, aber auch für die jüngeren Angestellten durch die sich rasch ändernden Bedingungen ein mehr oder weniger großes berufliches Risiko in sich birgt. Wie jedoch die Ergebnisse in Tab. 17 des Anhangs (Tab. A 17) über den Einfluß der Büroautomation auf die *persönlichen* Aufstiegschancen nahelegen, werden die allgemeinen Erwartungen der befragten jungen Angestellten über die „berufliche Zukunft der Angestellten" in Übereinstimmung mit den Ergebnissen anderer Untersuchungen zum Automationsproblem (NEULOH; JAEGGI und WIEDEMANN u. a.) kaum auf die eigene berufliche Situation übertragen. Inwieweit diese Tatsache auf eine realistische Einschätzung der eigenen augenblicklichen und zukünftigen Berufschancen zurückgeht oder vielleicht auf eine mehr oder minder unbewußte Bemühung um eine Aufrechterhaltung des eigenen Sicherheitsgefühls, sei dahingestellt. Zusammenfassend kann man festhalten:

1. Die überwiegende Mehrzahl der befragten jungen Angestellten brachte eine positive Einstellung gegenüber der zukünftigen Entwicklung der Büro-Automation zum Ausdruck. Da die rasche technische und wirtschaftliche Entwicklung von den jungen Angestellten als „quasi-naturgesetzliche" (LUTZ u. a.) Abfolge erlebt wird, halten trotz der erwarteten gravierenden Einwirkungen auf die

individuelle Lebens- und Berufschance nahezu alle Befragten diese Entwicklung für richtig.

2. Ein weiterer Grund für die positive Einstellung gegenüber der Automation ist in der damit allgemein verbundenen optimistischen Einschätzung der Aufstiegs- und Berufschancen für junge Angestellte zu suchen. Da man sich selbst eine entsprechende Flexibilität, Leistungsfähigkeit und Dynamik zutraut, verbindet man mit der Einführung der Büroautomation entsprechende Aufstiegshoffnungen, die in der Realität allerdings relativ selten anzutreffen sein werden (vgl. Hoos, 1966, S. 98). Befürchtungen werden übereinstimmend nur für die Berufsaussichten älterer Angestellter geäußert, bei denen nach Ergebnissen einschlägiger Untersuchungen tatsächlich Umstellungsschwierigkeiten auftreten (vgl. Rhee).

F. Finanzielle Verhältnisse

Erfahrungsgemäß sind Interview-Daten zu den persönlichen finanziellen Verhältnissen zumeist mit einer gewissen Unsicherheit belastet, da entweder im Zeitpunkt der Befragung Einkommens- oder Ausgabefaktoren vergessen werden oder weil man grundsätzlich nicht geneigt ist, die finanziellen Verhältnisse offenzulegen. Diese grundsätzlichen Schwierigkeiten wurden zwar bei der Konstruktion der diesbezüglichen Fragen berücksichtigt (Fragen 30—34; 67—69, sowie statistische Angaben zur eigenen Person auf der vorletzten Seite des Fragebogens), indem nach Möglichkeit zum Beispiel durch Vorlage einer Liste die Nennung von konkreten Zahlen vermieden wurde. Nach übereinstimmenden Auskünften der Interviewer hatten die Befragten auch diesbezüglich weniger Scheu, genaue Angaben zu machen, als dies interessanterweise bei der Frage nach der individuellen Parteipräferenz der Fall war. Trotzdem sind die gewonnenen Werte wohl mit einiger Vorsicht zu betrachten.

Wie bereits aus den Angaben zum persönlichen Bruttoeinkommen pro Monat (14mal im Jahr) im Zusammenhang mit der Beschreibung der Stichprobe (vgl. Tab. 2, S. 24) hervorgeht, ergab sich für die befragten jungen Angestellten eine gut streuende Einkommensverteilung mit einem gerundeten Mittelwert von S 4329,—. Entsprechend dem unterschiedlichen durchschnittlichen Berufsniveau liegt der Mittelwert für die Männer bei S 4915,— und für die Frauen bei S 3555,—.

Nach Aussagen der befragten weiblichen Angestellten bekommen allerdings 45 weibliche Angestellte (21,0 %) ein geringeres monatliches Entgelt als ihre männlichen Kollegen in gleicher Position, während nur 4,7 % der Frauen ihrer Meinung nach mehr als ein Mann in vergleichbarer Position erhalten (vgl. Tab. 30).

Tabelle 30. *Bezahlung der Frauen im Vergleich zu den Männern gleicher Position (nur Frauen)*
$N = 214$

Bezahlung ist	*f*	%
schlechter	45	21,0
gleich	112	52,3
besser	10	4,7
weiß nicht	47	22,0
	214	100,0

Bemerkenswert ist zunächst einmal die Tatsache, daß 47 weibliche Angestellte unserer Stichprobe (22,0 %) offensichtlich nicht in der Lage waren, den angesprochenen Vergleich vorzunehmen. Dies weist einerseits auf das geringe Informationsniveau einer beträchtlichen Anzahl weiblicher Angestellter hin, andererseits aber auch auf ein verhältnismäßig geringes Interesse an solchen Bedingungen des Arbeitsbereiches. Diese generelle Tendenz hatte sich schon bei der individuellen Einstellung zur beruflichen Mobilität, in Fragen des beruflichen Aufstiegs und im Verhältnis zu Problemen des öffentlichen Interesses (Politik usw.) mit großer Deutlichkeit gezeigt. Eine genauere Analyse der Verteilung dieser Angaben über die Höhe des weiblichen Entgelts in Relation zu dem Einkommen eines Mannes in gleicher Position wurde in Tab. 31 vorgenommen, wobei nur solche Frauen berücksichtigt wurden, die eine konkrete Angabe machten. Geht man davon aus, daß sich bei gleichen Bedingungen für die 167 in die Analyse einbezogenen Frauen eine Normalverteilung über die Kategorien „schlechter“, „gleich“ und „besser“ ergeben müßte und berechnet man, wie dies in Tab. 31 geschah, die entsprechenden Erwartungswerte, so zeigt sich eine statistisch hoch signifikante Benachteiligung der Frauen.

Tabelle 31. *Verteilungsanalyse der Angaben über die Bezahlung der weiblichen Angestellten im Vergleich zu den Männern*
$N = 167$ Frauen

	Bezahlung der Frauen			
	schlechter	gleich	besser	gesamt
beobachtete Werte	45	112	10	167
Erwartungswerte	41,75	83,50	41,75	167

$Chi^2 = 33{,}11$; $FG = 2$; $p < 0{,}01$

Zur Erfassung von weiteren Einkommensquellen wurde auch nach der Ausübung einer *Nebenbeschäftigung* gefragt. Von den Befragten üben 91 (= 18,3 %) eine Nebenbeschäftigung aus, die im Durchschnitt für die betreffenden Personen etwa 30 % des normalen Einkommens zusätzlich im Monat erbringt. Hierbei besteht eine signifikante Beziehung zwischen den Geschlechtern: während 25,2 % der Männer eine solche Nebentätigkeit ausüben, tun dies im Vergleich dazu nur 9,3 % der Frauen ($p < 0{,}01$). Auch hinsichtlich der *Begründung* einer Nicht-Nebenbeschäftigung zeigen sich typische Unterschiede. Die Hälfte der Frauen ohne Nebenbeschäftigung nennt „Zeitmangel, Überbelastung“ (50,5 % gegenüber 37,9 % bei den Männern), während die Männer häufiger mangelndes Interesse (42,7 % gegenüber 35,1 % bei den Frauen) an einer solchen Beschäftigung dafür verantwortlich machen. Wenngleich man bei solchen Begründungen damit rechnen muß, daß ein Teil davon zur Rationalisierung nicht vorhandener Möglichkeiten im Sinne FREUDS dient, so sind doch die auftretenden Unterschiede recht beachtlich und statistisch gesichert.

Einkommenswirksam sind auch *Zusatzleistungen* der Firma (Tab. A 18), die von 210 Befragten genannt wurden. Da erfahrungsgemäß gerade bei solchen Zusatzleistungen eine hohe Vergessensquote zu beobachten ist, scheint hier besondere Vorsicht geboten. Für die Personen, die solche Angaben gemacht haben, erhält man ohne Berücksichtigung von Leistungen für außergewöhnliche Anlässe einen gerundeten Durchschnittswert von S 390,— pro Monat.

40 Personen geben außerdem an, geldliche Zuwendungen vor allem von ihren Eltern (72,5 %) zu erhalten; der Mittelwert für diese Beträge liegt etwa bei S 600,— im Monat.

Zur Abschätzung der *Verwendung* des Einkommens wurde nach der Höhe der monatlichen Aufwendungen für Wohnung und nach der Spartätigkeit gefragt. Weitergehende Fragen waren im Rahmen dieser Untersuchung nicht möglich.

Die monatlichen Aufwendungen für Mietzins betragen im Durchschnitt S 772,—. Auffällig ist im ganzen die enorme Spartätigkeit der Angestellten und die Höhe der Sparraten. Durchschnittlich wird von den befragten jungen Angestellten pro Monat ein Betrag von S 1194,82 gespart; männliche und weibliche Angestellte unterscheiden sich hierbei nicht. Nur 62 (12,5 %) der Befragten sparen überhaupt nicht, wobei sich eine Gleichverteilung dieser Personen auf die Geschlechter ergab.

Bemerkenswert ist auch die Präferenzskala der *Sparziele* (Tab. A 19). Generell bevorzugte Sparziele sind hierbei Wohnungseinrichtung (44,7 %), Sparen für allgemeine Zwecke (39,4 %) und Bausparen (23,0 %). Die Art der Sparziele erklärt auch die außerordentliche Höhe der monatlichen Sparleistung (vgl. Wirtschaftsstatistisches Handbuch 1968, S. 256 f.). Die meisten unserer befragten jungen Angestellten sind entweder erst relativ kurze Zeit verheiratet, so daß noch eine Reihe notwendiger Anschaffungen für Wohnungszwecke getätigt werden muß, oder sie bilden sich Rücklagen zum Zwecke einer späteren Verheiratung. Hinzu kommt, daß man offensichtlich auch ziemlich durchgängig die mit einem mittelfristigen Sparen verbundenen Steuervorteile zu nützen weiß. Die Tatsache, daß die Wohnungseinrichtung an erster Stelle der Sparziele steht, weist jedoch ferner darauf hin, daß die Wohnung einen gehobenen Standard repräsentieren soll, der bei den Angestellten nach den Befunden der „Kammer für Arbeiter und Angestellte“ über die Lebenshaltung von Arbeitern und Angestellten in Linz, gemessen an den jährlichen Aufwendungen für Wohnung und Wohnungseinrichtung, deutlich über dem der Arbeiter liegt (1967, S. 21 f.), ebenfalls ein Zeichen für die Orientierung „nach oben“ bei den Angestellten.

Beeinflußt wird dieser Befund insbesondere durch die Wirksamkeit des herkömmlichen Leitbildes in unserer Gesellschaft, wonach eine verheiratete Frau nur dann arbeitet, solange eine wirtschaftliche Notwendigkeit z. B. zum Zwecke einer Komplettierung der Wohnungseinrichtung besteht (vgl. die Ergebnisse in Teil II,

S. 99 f.). Weiterhin zu berücksichtigen ist, daß die angegebenen Sparraten natürlich kaum allein aufgrund des persönlichen Monatseinkommens zustande kommen, sondern daß sich die angegebenen Sparraten auf die Sparleistung des Ehepaares beziehen bzw. bei Unverheirateten unter der Bedingung geringer Ausgaben für Wohnzwecke durch Wohnen bei den Eltern zustande kommen.

G. Freizeitverhalten und individuelle Interessen

Als eigene Fragestellung sollten auch einige relevante Daten über die individuelle Interessenlage und über das Verhältnis zu den Massenmedien erfaßt werden (Fragen 43—56). Im Rahmen der vorliegenden Untersuchung war es natürlich nicht möglich, genauer auf die einzelnen Interessengebiete einzugehen. Daher mußte auch hier durch die offene Frageform versucht werden, möglichst viele Informationen im Rahmen der zur Verfügung stehenden Zeit zu gewinnen.

Bei den *Freizeitbeschäftigungen* (Tab. A 20) steht mit 80,2 % der Nennungen eine sportliche Betätigung mit Abstand an der Spitze, gefolgt von Lesen (38,1 %). Familie und Haushalt (16,5 %) sowie die weiteren Tätigkeiten folgen in einem deutlichen Abstand. An *Hobbies* wurden in erster Linie ebenfalls Sport (37,5 %), musische Tätigkeiten (Malen, Schreiben usw.) und Sammeltätigkeiten (Briefmarken, Schallplatten, Waffen u. a.) genannt. Im Vergleich mit den Ergebnissen bei der Jungarbeitererhebung (vgl. Th. Scharmann, 1967, S. 232 f.) fällt bei den jungen Angestellten vor allem die weit größere Bedeutung des Lesens als ein Indikator für geistige Interessen auf (vgl. Neuloh). Ergänzt wird diese Feststellung durch das Ergebnis der bewußt unscharfen Frage, ob in „der letzten Zeit ein Buch gelesen“ wurde. Während bei den Jungarbeitern nur 69 % diese Frage bejahten, geschah dies in der vorliegenden Untersuchung bei 77,6 % der Befragten.

Das allgemein hohe Interesse nach Information zeigt sich auch bei der *Zeitungslektüre* (vgl. Tab. 32). Im ganzen wird von 90,5 % der Befragten angegeben, daß sie eine Zeitung lesen, davon 80,7 % täglich oder häufig. Es werden dabei lokale und regionale Zeitungen bevorzugt; überregionale Zeitungen werden verhältnismäßig wenig genannt. Eine Bestätigung findet sich in einer empirischen Untersuchung der „Kammer für Arbeiter und Angestellte Wien“

über Freizeitgestaltung mit einer Wiener Stichprobe im Jahre 1961, die bei Angestellten in dieser Altersgruppe ähnliche Zahlenwerte für die Lesefrequenz erbrachte.

Tabelle 32. *Häufigkeit des Zeitungslesens*
$N = 496$

	f	%
täglich	259	52,3
häufig	141	28,4
gelegentlich, selten	49	9,9
nie	46	9,3
keine Angabe	1	0,2
	496	100,0

Tabelle 33. *Fernsehhäufigkeit*
$N = 496$

	f	%
täglich	85	17,2
häufig	121	24,3
gelegentlich, nur am Wochenende	263	53,0
nie	26	5,3
keine Angabe	1	0,2
	496	100,0

Dem Inhalt nach interessieren vor allem Artikel mit folgendem Inhalt, geordnet nach Häufigkeit der Nennung (vgl. Tab. A21):

1. Politik (65,1 %)
2. Sport (64,4 %)
3. Lokalnachrichten (32,5 %)
4. Verbrechen, Morde, Unfälle (17,4 %)
5. Wirtschaft (14,1 %)

Die Präferenzskala der bevorzugten Zeitungsartikel läßt ebenfalls das Bedürfnis nach weitreichenderer Information erkennen, da etwa im Vergleich zu den Jungarbeitern dem Bereich Politik und Wirtschaft allgemein ein größeres Interesse gilt.

Fast alle Befragten besitzen ein eigenes Rundfunkgerät. In Abweichung von der Reihung der bevorzugten Zeitungsartikel erfolgt bei den *Rundfunksendungen* eine andere Präferenzreihe (vgl. Tab. A22).

Die wichtigsten Kategorien sind:

1. Schlager, Tanzmusik, Ö 3 (73,7 %)
2. Nachrichten, einschließlich Morgen-, Mittags- bzw. Abendjournal (37,4 %)
3. Sportsendungen (16,8 %)

Aus diesen Angaben ist zu entnehmen, daß dem Rundfunk als Massenmedium bei den jungen Angestellten vor allem eine Unterhaltungsfunktion zukommt; erst in zweiter Linie dient der Rundfunk als Informationsquelle.

Erstaunlicherweise ist das *Fernsehen* (vgl. Tab. 33) offensichtlich von geringerer Bedeutung als die genannten Massenmedien. Nur 17,2 % geben an, täglich fernzusehen. Der Gebrauch beschränkt sich schwerpunktmäßig auf gelegentliches Fernsehen, vor allem am Wochenende. Bei den bevorzugten *Fernseh-Sendungen* unterscheiden sich die Angestellten auch deutlich von den jungen Arbeitern (vgl. Th. Scharmann, 1967, S. 247), die viel weniger politisches Interesse bekundeten.

Die befragten Angestellten nennen vor allem (vgl. Tab. A 23):

1. Nachrichten (54,6 %)
2. Sport (41,2 %)
3. Politische Sendungen, Monitor, Horizonte, Diskussionen (37,3 %)
4. Unterhaltung, Show, Kabarett, Quiz (33,7 %)
5. Kriminalfilme, Aktenzeichen XY (31,3 %)

Die Häufigkeit des *Kinobesuches* (vgl. Tab. 34) wird von den meisten Befragten mit etwa einmal im Monat oder seltener angegeben.

Tabelle 34. *Kinohäufigkeit*
$N = 496$

	f	%
4mal und mehr	39	7,9
2—3mal/Monat	60	12,0
1mal/Monat	141	28,4
unter 1mal/Monat	183	37,1
nie	72	14,5
keine Angaben	1	0,2
	496	100,1

Theater und Museen bzw. Ausstellungen werden gelegentlich, Konzerte eher selten besucht (Tab. A24).

Die Wiener Untersuchung (1967) brachte für die Angestellten der gleichen Alterskategorie ebenfalls ähnliche Befunde.

Den Abschluß des Fragenkomplexes zu den Freizeitbeschäftigungen bildete die Frage, ob die Befragten — im ganzen gesehen — genügend freie Zeit für sich haben. Diese Frage wurde bewußt erst am Ende der entsprechenden Fragenserie gestellt, damit bei der Beantwortung die verschiedenen Freizeitbeschäftigungen nach Möglichkeit berücksichtigt werden konnten.

Im ganzen gesehen geben 67,5% der Befragten an, genügend *Freizeit* zu haben. Allerdings ergibt sich ein erwarteter geschlechtsspezifischer Unterschied. So haben Frauen der Tendenz nach offensichtlich weniger das Gefühl, genügend freie Zeit zu haben ($p < 0{,}10$). Die *Begründungen* für eine fehlende Freizeit ergaben folgendes:

Übersicht 4. *Gründe für fehlende Freizeit*

Es nennen *signifikant* häufiger

Männer:	*Frauen:*
— berufliche Inanspruchnahme	— Haushalt und Beruf (73,1% !)
— Lernen, berufliche Weiterbildung	
— Nebentätigkeit	
— Hobbies, Sport (Tendenz)	

So geben allein 73,1% der befragten weiblichen Angestellten das Merkmal „Haushalt und Beruf“ als Begründung für eine fehlende Freizeit an, was eindeutig auf die sattsam bekannte *Doppelrolle* der Frau hinweist (vgl. LEHR; D. L. SCHARMANN u. a.), die natürlich nicht zuletzt auch eine Funktion der traditionalen Einstellungen und Erwartungen ist. Andererseits zeigt sich ebenso deutlich als Bestätigung das im allgemeinen geringere berufliche Engagement der Frau (z. B. Weiterbildung, berufliche Inanspruchnahme). Beide Komplexe sind natürlich nicht ohne logische Beziehungen. Da auf Grund des traditionalen Leitbildes eine primäre Wertschätzung der Güte hauswirtschaftlicher Tätigkeit vorgegeben wird, resultieren daraus im Falle einer individuellen Identifikation mit diesem Leitbild entsprechende Konsequenzen für die Einstellung zum

Beruf. Die Wirkungsweise der allgemein verbreiteten Erwartungs- und Vorstellungskomplexe beschränkt sich natürlich nicht allein auf die Frauen, sondern bezieht sich im selben Maße auch auf die besonderen Verhaltensweisen der Männer. Im interpretativen Teil dieser Arbeit wird auf diese wechselseitigen Abhängigkeiten noch näher einzugehen sein.

II. Spezielle Aspekte der Berufstätigkeit weiblicher Angestellter

Ein bedeutsamer Komplex der speziellen Fragestellung der vorliegenden Untersuchung bezieht sich auf die besondere Einstellung der jungen Angestellten gegenüber einer Berufstätigkeit der Frau. Mit einer recht umfangreichen Reihe von Fragen (vor allem Frage 26 und die Fragen 73 bis 77 des Fragebogens) wurde versucht, die *allgemeine* Einstellung gegenüber der Berufstätigkeit der Frau, gegenüber der Möglichkeit einer Teilzeitarbeit der Frau und die damit in Zusammenhang stehende Problematik der Einstellung gegenüber einer Frau als Vorgesetzten zu erfassen. Zum Zwecke der näheren Analyse wurden die ermittelten Daten mit den *tatsächlichen* Plänen für die Zukunft verglichen. Es wurde dabei von der generellen *Hypothese* ausgegangen, daß ein enger systematischer Zusammenhang zwischen dem angesprochenen Gesamtfragenkomplex und den augenblicklich vorhandenen idealtypischen Vorstellungen über „Mann" und „Frau" bestehen muß, so daß sich die wichtigsten Dimensionen der mit einem männlichen Angestellten oder einer weiblichen Angestellten verknüpften stereotypen Vorstellungen, Erwartungen und Befürchtungen in Ergänzung zu den bisher beschriebenen Ergebnissen noch deutlicher herausarbeiten lassen.

A. Einstellung zu einer Berufstätigkeit der Frau nach Verheiratung

Grundsätzlich besteht eine klare Beziehung zwischen Geschlecht und der Art der Einstellung zu einer Berufstätigkeit der Frau nach der Heirat. Während Frauen zu 65,4 % positiv reagieren und ihre Berufstätigkeit beibehalten wollen, dreht sich das zahlenmäßige Verhältnis bei den Männern um, von denen nur 40,8% einer Berufstätigkeit der Frau nach der Verheiratung zustimmen ($r_{phi} = 0,24$; $p < 0,01$), d. h. es sind 59,2% der Männer dagegen (vgl. auch IFES, 1967, S. 53f.).

Geschlechtsspezifische Unterschiede zeigen sich auch bei den aufgeführten Gründen für oder gegen eine Berufstätigkeit der Frau. Von den Befürwortern einer weiblichen Berufstätigkeit ($N = 253$) werden vor allem folgende zwei Gründe genannt:

1. Finanzielle Notwendigkeit; genannt von 64,7% der männlichen Befürworter gegenüber nur 56,9% bei den Frauen.
2. Abwechslung; die Frau ist durch den Haushalt nicht ausgelastet; diese Begründung geben 27,7% der weiblichen Befürworter gegenüber nur 18,1% bei den Männern ($p < 0,10$).

Der Vergleich mit den Ergebnissen der Jungarbeitererhebung (TH. SCHARMANN, 1967, S. 308f.) ergibt, daß sich bei der grundsätzlichen Einstellung zur Berufstätigkeit der Frau nach der Heirat bei den deutschen und bei den schweizerischen Jungarbeitern mit Prozentsätzen von 44,2% bzw. 44,8% nur eine zufällige Abweichung vom Ergebnis der männlichen Angestellten beobachten läßt. Hingegen macht sich bei den Jungarbeitern in den Begründungen der positiven Haltung der Einfluß des unterschiedlichen durchschnittlichen Einkommens zum Zeitpunkt der Befragung bemerkbar. Bei der deutschen Stichprobe wird mit etwa 80% der Nennungen auf die finanzielle Notwendigkeit einer Mitarbeit der Frau hingewiesen, wobei kaum an die Interessenlage der Frau gedacht wird (3%). Demgegenüber nennen die Schweizer jungen Arbeiter mit nahezu dreißig Prozent die geringe Auslastung der Frau durch den Haushalt als Begründung. Die finanzielle Notwendigkeit tritt dabei verhältnismäßig (mit 22%) zurück. Dies bedeutet, daß hinter der Befürwortung einer Berufstätigkeit der Ehefrau durchaus verschiedene Motive stehen können.

Nach den Angaben der jungen Angestellten steht eindeutig die finanzielle Notwendigkeit als Grund an erster Stelle, ein Ergebnis, das sich bereits an der Reihung der Sparziele ablesen ließ. Erst in zweiter Linie wird ein spezielles Interesse an der Berufsausübung genannt, wobei diese Begründung von den Frauen selbst deutlich öfter gegeben wird.

Eine Bestätigung dieses Befundes findet sich bei der genaueren Betrachtung von *Gegengründen.* Auch hier zeigen sich typische geschlechtsspezifische Unterschiede:

1. Vernachlässigung des Familienlebens, des Haushaltes und der Kindererziehung; dieser Grund wird von fast allen Männern als Ablehnung genannt (93,6%!) gegenüber 66,1% bei den Frauen ($p < 0{,}01$).

2. Nervliche und gesundheitliche Belastung der Frau, Überbelastung; dieses Faktum wird fast ausschließlich nur von Frauen genannt (23,9% gegenüber 6,4% bei den Männern; $p < 0{,}01$).

Die gleichen Gründe gegen eine Berufstätigkeit der Frau zeigten sich übrigens auch bei einer Untersuchung des Instituts für empirische Sozialforschung Wien über Teilzeitbeschäftigung (1967, S. 55f.) und bei der Jungarbeiterbefragung (S. 309).

Die starke Ablehnung einer Berufstätigkeit der Ehefrau bei den Männern und die Art der Begründung dieser Haltung beweisen, daß im allgemeinen bei den männlichen Angestellten und wahrscheinlich überhaupt bei den Männern dieser Generation von einem Ideal der Familie ausgegangen wird, nach dem der Mann für den gesamten Unterhalt der Familie aufzukommen hat, so daß sich die Frau ganz den Kindern und dem Haushalt widmen kann. Eine Abweichung von dieser Idealvorstellung wirkt sich für den Mann auf alle Fälle prestige-mindernd aus, da er damit quasi öffentlich dokumentiert, daß er alleine nicht in der Lage ist, seine Familie entsprechend zu versorgen. Wie aus den Ergebnissen in Tab. 35 hervorgeht, müssen hierbei allerdings unterschiedliche Grundbedingungen berücksichtigt werden.

Tabelle 35. *Einstellung zur Berufstätigkeit der Frau und Berufsstatus des Vaters (ohne 19 nicht einstufbare Befragte)*
$N = 477$

Berufsstatus des Vaters	Einstellung zur Berufstätigkeit der Frau dafür		dagegen		Gesamt	
	f	%	*f*	%	*f*	%
1. Arbeiter, Landwirt	92	51,4	87	48,6	179	100,0
2. (Mittlerer) Beamter oder Angestellter	98	45,0	120	55,0	218	100,0
3. Beruf mit Matura	50	62,5	30	37,5	80	100,0

$Chi^2 = 7{,}34$; $FG = 2$; $p < 0{,}05$

Die eindeutig stärkste Ablehnung erfolgte bei solchen Befragten, deren Vater ein kleiner bis mittlerer Beamter oder Angestellter ist, d. h. die in ihrer Herkunftsfamilie ein bewußtes Statusdenken mit diesem Ideal übernommen haben. Für diesen Personenkreis bedeutet die Berufstätigkeit der Frau erlebnismäßig eine soziale Abwertung der Leistungsfähigkeit des Mannes. Bei Befragten, deren Vater Landwirt oder Arbeiter ist, dürften zwar grundsätzlich ähnliche Vorstellungen vorhanden sein, aber man geht hier davon aus, daß die Frau ohnedies mitarbeiten muß (wie das früher sicher der Fall war). Insoferne handelt es sich bei diesem Personenkreis eher um eine gewohnte Selbstverständlichkeit, die sozusagen dem Niveau angemessen erscheint.
Ganz anders liegen die Dinge bei den Befragten aus gehobenem sozio-ökonomischen Niveau. Hier ist aufgrund der persönlichen Ausbildung ein Zweifel an der Höhe des Sozialprestiges nicht wahrscheinlich, d. h. in diesem Fall können sich die individuellen Interessen der Ehefrau an einer eigenen Berufstätigkeit eher entfalten.
Erstaunlicherweise ergab sich keine statistisch gesicherte Beziehung der Einstellung zur Berufstätigkeit der Frau nach der Verheiratung mit dem eigenen Berufsniveau der Befragten. Dieses Ergebnis unterstreicht somit besonders die Wirksamkeit von früher gelernten Vorstellungen bezüglich des eigenen Verhaltens im Wege einer sozialen Antizipation, d. h. einer Vorwegnahme möglicher negativer Reaktionen der Personen aus der unmittelbaren sozialen Umgebung. Da man normalerweise selten ein solches Risiko eingeht, können diese Vorstellungen auch kaum „entlernt“ werden.
Eine weitere Differenzierung liefert das Ergebnis der drei-dimensionalen Analyse der Einstellung zur Berufstätigkeit der Frau mit zusätzlicher Kontrolle des Alters (vgl. Tab. 36).
Es zeigt sich eine deutliche Änderung der Einstellung bei den *Männern* mit steigendem Alter derart, daß ältere Männer, die natürlich auch verheiratet sind, weniger positiv reagieren als jüngere, wobei eine Änderung der Einstellung bei Personen im Alter über 27 Jahren erkennbar ist. Die Beziehung ist statistisch signifikant. Während bei den jüngeren männlichen Angestellten fast die Hälfte für die Beibehaltung der Berufstätigkeit votieren, sinkt bei Angestellten über 27 Jahren die Zustimmung unter ein Drittel dieser Altersgruppe.

Tabelle 36. *Einstellung zur Berufstätigkeit der Frau nach Geschlecht und Alter*
$N = 496$

	Alter bis 24 *f*	%	24—27 *f*	%	über 27 *f*	%	Gesamt *f*
a) *Männer:*							
für Berufstätigkeit	36	46,8	49	45,8	30	30,6	115
gegen Berufstätigkeit ...	41	53,2	58	54,2	68	69,4	167
	77	100,0	107	100,0	98	100,0	282

$Chi^2 = 6{,}45$; $FG = 2$; $p < 0{,}05$

	bis 24 *f*	%	24—27 *f*	%	über 27 *f*	%	Gesamt *f*
b) *Frauen:*							
für Berufstätigkeit	70	61,9	48	73,8	20	55,6	138
gegen Berufstätigkeit ...	43	38,1	17	26,2	16	44,4	76
	113	100,0	65	100,0	36	100,0	214

$Chi^2 = 4{,}06$; $FG = 2$; $p < 0{,}10$; nicht signifikant

Auch bei den *Frauen* läßt sich der gleiche Trend beobachten, wobei das Ergebnis allerdings nicht mehr signifikant ist. Bei den Frauen erfolgt ein ziemlich deutlicher Umschlag der Einstellung in recht ähnlicher Weise wie bei den Männern, wenngleich die Zahlenverhältnisse bei den Frauen zum Positiven hin verschoben sind. Dieser eindeutig beobachtbare Umschlag deutet darauf hin, daß bei den Frauen eine Interferenz auftritt zwischen dem Motiv für Beibehaltung des Berufes und dem Motiv, sich ausschließlich nur um die Familie zu kümmern.

Der bei beiden Geschlechtern beobachtbare Knick steht zwar im Zusammenhang mit dem Familienstand und mit dem Berufsniveau, läßt sich aber allein damit nicht erklären. Vielmehr scheint die „ältere" Generation der Befragten unserer Stichprobe, die vor oder während des 2. Weltkrieges geboren sind, in einem stärkeren Maße an dem tradierten Stereotyp der Frau festzuhalten als dies für die jüngeren Befragten gilt, die offensichtlich stärker von der Annahme einer gleichberechtigten Partnerschaft als zentrales Merkmal des neuen Stereotyps ausgehen.

Der Beweis dafür, daß — entsprechend dem alten Stereotyp — die Berufstätigkeit der Frau in Abhängigkeit vom Zwang durch die äußeren Umstände erlebt wird, zeigt sich bei der vier-dimensionalen Analyse der Beziehung zwischen der generellen Einstellung gegenüber einer Berufstätigkeit der Frau nach Verheiratung und der konkreten Vorstellung bzw. den tatsächlichen Verhältnissen einer Berufstätigkeit der eigenen Ehefrau unter Kontrolle von Geschlecht und Familienstand (vgl. Tab. 37). Die Analyse bezieht sich also auf die Beziehung zwischen allgemeiner Einstellung und Wirklichkeit bzw. tatsächlicher Absicht, wobei die Beziehung für Männer und Frauen, zusätzlich getrennt nach Familienstand, untersucht wird.

Bei den *unverheirateten Männern* zeigt sich eine sehr signifikante Beziehung zwischen der generellen Einstellung zur Berufstätigkeit der „Frau“ nach Verheiratung und dem eigenen Zukunftsplan, wonach die eigene Ehefrau nach der Verheiratung berufstätig sein soll oder nicht ($p < 0{,}01$). Drei Viertel der unverheirateten Männer stimmen hinsichtlich ihrer allgemeinen Einstellung und ihrer tatsächlichen Pläne für die Zukunft überein. Beide Einstellungen sind also in einem hohen Grade konsistent. Immerhin gibt es aber 23 Befragte, die zwar grundsätzlich gegen eine Berufstätigkeit der Frau nach Verheiratung sind, jedoch trotzdem angeben, daß ihre eigene Frau nach der Verheiratung berufstätig bleiben soll (vgl. Tab. 37 a).

Eine ähnliche Übereinstimmung der allgemeinen und der speziellen Vorstellungen findet sich auch bei den unverheirateten weiblichen Angestellten ($p < 0{,}01$). Im Unterschied zu den Männern zeigt sich hier lediglich wieder die positivere allgemeinere Einstellung gegenüber der Berufstätigkeit der Frau (vgl. Tab. 37 b).

Während sich also bei den Unverheirateten (vgl. Tab. 37 c) eine klar signifikante Beziehung zwischen der allgemeinen Einstellung zu einer Berufstätigkeit der Frau nach Verheiratung und dem konkreten Lebensplan besteht, zeigt sich hingegen bei den *verheirateten Männern* überhaupt *keine* Beziehung zwischen der generellen Einstellung zur Berufstätigkeit und dem Merkmal „Berufstätigkeit der Ehefrau“ (vgl. Tab. 37 a/2). Dies besagt, daß die tatsächliche Berufstätigkeit der Ehefrau bei verheirateten Männern *unabhängig* von ihrer Einstellung zur Berufstätigkeit der Frau erfolgt, d. h. daß die tatsächlich vorhandene Berufstätigkeit von externen Faktoren bestimmt wird.

Überdies erkennt man bei der Betrachtung der jeweiligen Zahlenverhältnisse, daß sich bei den verheirateten Männern, deren Frauen

Tabelle 37. *Generelle Einstellung zur Berufstätigkeit der Frau nach Verheiratung und tatsächliches bzw. geplantes Verhalten, getrennt nach Geschlecht und Familienstand (ohne „keine Angabe")*

$N = 488$

	Generelle Einstellung zur Berufstätigkeit der Frau					
	dafür		dagegen		Gesamt	
	f	%	*f*	%	*f*	%
a) *Männer:*						
1. *unverheiratet:*						
Gattin soll berufstätig bleiben	47	67,1	23	32,9	70	100,0
Gattin soll *nicht* berufstätig bleiben	4	8,7	42	91,3	46	100,0
unverheiratete Männer insgesamt..	51	44,0	65	56,0	116	100,0
$r_{phi} = 0{,}58$; $p < 0{,}01$						
2. *verheiratet:*						
Gattin berufstätig	33	42,9	44	57,1	77	100,0
Gattin *nicht* berufstätig	29	33,7	57	66,3	86	100,0
verheiratete Männer insgesamt	62	38,0	101	62,0	163	100,0
$r_{phi} = 0{,}09$; nicht signifikant						
b) *Frauen:*						
1. *unverheiratet:*						
wollen Beruf beibehalten	64	73,6	23	26,4	87	100,0
Beruf *nicht* beibehalten	7	28,0	18	72,0	25	100,0
unverheiratete Frauen insgesamt .	71	63,4	41	36,4	112	100,0
$r_{phi} = 0{,}39$; $p < 0{,}01$						
2. *verheiratet:*						
berufstätig (nicht berufstätig entfällt!)	64	66,0	33	34,0	97	100,0
c) *alle Unverheirateten* (Männer und Frauen):						
berufstätig bleiben	111	70,7	46	29,3	157	100,0
nicht berufstätig bleiben	11	15,5	60	84,5	71	100,0
alle Unverheirateten insgesamt	122	53,5	106	46,5	228	100,0
$r_{phi} = 0{,}51$; $p < 0{,}01$						

nicht berufstätig sind, die negative generelle Einstellung deutlicher zeigt, da keine objektiven Hemmnisse auftreten. Daraus ist zu folgern, daß bei den verheirateten Männern mit berufstätigen Frauen zum Teil eine beträchtliche kognitive Dissonanz (Festinger) vorliegen muß. Dies besagt, daß die Ehefrau bei einer Anzahl von befragten männlichen Angestellten aus sachlicher Notwendigkeit entgegen ihrem Wunsch berufstätig ist, obwohl bestimmte Befürchtungen hinsichtlich sozialer Konsequenzen damit verbunden sind (vgl. Lehr, 1969). Immerhin gibt es in unserer Stichprobe 44 von 163 verheirateten Männern, das sind 28,8 %, deren Ehefrau trotz negativer genereller Einstellung berufstätig ist. Ein ähnlicher Prozentsatz (34,0 %) von verheirateten weiblichen Angestellten ist ebenfalls mit einem solchen inneren Konflikt belastet.

An Hand dieser Befunde ist als Ergebnis festzuhalten:

1. Knapp sechzig Prozent der Männer sind mehr oder weniger grundsätzlich gegen eine Berufstätigkeit der Frau nach der Verheiratung. Wenn überhaupt eine solche Berufstätigkeit der Frau in Frage kommt, dann vorwiegend unter dem Zwang der finanziellen Notsituation von vorübergehender Dauer; d. h. eine tatsächliche Berufstätigkeit der Ehefrau wird sehr häufig als prestigemindernd erlebt, da „der Mann offensichtlich seine Familie nicht alleine ernähren kann". Von diesem Aspekt her erfolgt auch die ablehnende Begründung, wobei in auffallender Übereinstimmung (Stereotyp!) eine Vernachlässigung des Haushaltes und eine Beeinträchtigung des (ehelichen) „Familienlebens" unter Verwendung von zum Teil sehr deutlichen Formulierungen befürchtet wird.

2. Frauen mit Berufserfahrung, die also die Möglichkeiten einer Berufstätigkeit und des selbständigen Gelderwerbs, sowie der sich daraus ergebenden Folgerungen kennen und schätzen gelernt haben, befürworten eindeutig häufiger eine Fortdauer der Berufstätigkeit auch nach der Verheiratung. Nach den Befunden von Rosenmayr [1969 (a), S. 6] ist darüber hinaus bei Frauen in höheren Positionen verstärkt mit einer solchen Haltung zu rechnen, da die „Berufsfestigkeit" mit der beruflichen Qualifikation anwächst. Bei der vorliegenden Untersuchung konnte sich diese Tendenz nicht zeigen, da nur 10 weibliche Angestellte mit höheren beruflichen Funktionen in der Stichprobe enthalten sind.

Die weiblichen Angestellten verwenden bei der Begründung ihrer Einstellung zwar die gleichen Argumente wie die Männer, sind aber zusätzlich besorgt über die möglichen Auswirkungen der „Doppelbelastung" (D. L. SCHARMANN) durch Beruf und Haushalt, eine Befürchtung, die in der Tat durchaus berechtigt erscheint (vgl. Bericht über die Lage der Familien in Österreich, 1969, S. 70 f.).

3. Die Ergebnisse beweisen ferner die Bedeutung „gelernter" generations- und schichtspezifischer Erwartungsmuster. Global ausgedrückt besteht eine positive Haltung zur Berufstätigkeit der Ehefrau bei jüngeren Angestellten und bei Angestellten mit höherer sozio-ökonomischer Herkunft.

B. Einstellung zur Teilzeitarbeit der Frau

Österreichische Untersuchungen zum Problem der Teilzeitarbeit der Frau (Bundeskammer der Gewerblichen Wirtschaft, Wien 1967; IFES, 1967) erbrachten den Nachweis, daß im allgemeinen eine recht positive Haltung zu dieser Möglichkeit besteht. Auch bei der vorliegenden Untersuchung zeigt sich eine durchaus positive Einstellung. Die klare Mehrheit unserer befragten Stichprobe (83,3 %) spricht sich für die Möglichkeit einer Teilzeitarbeit der Frau aus. Erwartungsgemäß treten hier ebenfalls geschlechtsspezifische Unterschiede auf: Männer befürworten eine Teilzeitarbeit der Frau in 77,7 %, Frauen dagegen in weit höherem Maße mit 90,7 % ($C_{cor} = 0{,}24$; $p < 0{,}01$).

Die drei-dimensionale Analyse dieser Beziehung mit Kontrolle des Alters ergab für die männlichen Befragten eine Konstanz der Einstellung für die verschiedenen untersuchten Altersstufen.

Bei den Frauen ist jedoch eine Änderung zu beobachten, wonach die jüngeren und vorwiegend ledigen Frauen deutlich weniger positiv gegenüber der Teilzeitarbeit eingestellt sind, da sie natürlich voll erwerbstätig sein wollen ($C_{cor} = 0{,}23$; $p < 0{,}01$).

Eine Absicherung dieser Annahme ergibt sich aus der Untersuchung dieser Beziehung mit gleichzeitiger Kontrolle des Familienstandes (vgl. Tab. 38).

Unverheiratete Männer unserer Stichprobe befürworten mit 82,8 % deutlich häufiger eine Teilzeitarbeit der Frau als die verheirateten Männer mit 73,6 % (p etwa 0,05). Trotzdem ist aber zu bedenken, daß knapp drei Viertel der verheirateten Männer einer Teilzeitarbeit der Frau zustimmen, und zwar unabhängig von der

Tatsache, ob die eigene Ehefrau im Augenblick berufstätig ist oder nicht (vgl. Tab. 38 a und b).

Tabelle 38: *Einstellung zur Teilzeitarbeit der Frau nach Geschlecht und Familienstand (ohne „keine Angabe")*
$N = 488$

	Einstellung zur Teilzeitarbeit					
	dafür		dagegen		Gesamt	
	f	%	*f*	%	*f*	%
a) *Männer:*						
unverheiratet	96	82,8	20	17,2	116	100,0
verheiratet	120	73,6	43	26,4	163	100,0
Männer insgesamt	216	77,4	63	22,6	279	100,0
$r_{phi} = 0{,}11$; $p < 0{,}10$						
b) *Frauen:*						
unverheiratet	97	86,6	15	13,4	112	100,0
verheiratet	93	95,9	4	4,1	97	100,0
Frauen insgesamt	190	90,9	19	9,1	209	100,0
$r_{phi} = -0{,}16$; $p < 0{,}05$						

Bei den Frauen wird trotz der allgemein hohen Wertschätzung einer solchen Teilzeitarbeit unsere oben ausgesprochene Vermutung bestätigt, wonach unverheiratete Frauen, unabhängig von der Tatsache ob sie später berufstätig bleiben wollen, sich mit 86,6 % für eine solche Möglichkeit aussprechen. Noch höher liegt mit 95,9 % der Prozentwert bei den (berufstätigen) verheirateten Frauen unserer Stichprobe, bei denen die Aktualität dieses Problems durch die Möglichkeit des Hinzukommens eines oder eines weiteren Kindes außerordentlich hoch ist. Der Unterschied ist statistisch signifikant ($p < 0{,}05$).

Eine Einflußgröße auf die Einstellung zur Teilzeitarbeit der Frau stellt die individuelle Erfahrung einer früheren oder jetzt noch andauernden Berufstätigkeit der Mutter der Befragten dar. Junge Angestellte mit solchen Erfahrungen sind signifikant häufiger für eine Teilzeitarbeit der Frau als Befragte ohne unmittelbare Erfahrung (86,9 % gegenüber 79,4 %; $p < 0{,}05$). Es zeigt sich hierbei die Wirkungsweise der Gewöhnung an bestimmte Tatbestände und die Bedeutung der unmittelbaren Erfahrung von positiven und negativen Begleitumständen, sowie deren Auswirkungen. Auf den Einfluß der unmittelbaren persönlichen Erfahrungen wird dann vor allem bei der Untersuchung der mit dem Geschlecht des Vorgesetzten verknüpften Erwartung von bestimmten Persönlichkeitseigenschaften im nächsten Abschnitt näher eingegangen.

Mit einem hohen Übereinstimmungsgrad werden Vor- und Nachteile einer Teilzeitbeschäftigung der Frau geäußert. Hierbei grenzt man die Teilzeitarbeit einerseits gegen eine Ganztagsbeschäftigung, andererseits gegen eine Nicht-Beschäftigung ab. Die wichtigsten jeweils genannten Vor- und Nachteile sind in Übersicht 5 zusammengestellt.

Übersicht 5. *Vor- und Nachteile der Teilzeitarbeit der Frau*

Vorteile:	
gegenüber *Ganztagsbeschäftigung*	gegenüber *Nichtbeschäftigung*
— weniger Belastung — mehr Zeit für Familie usw.	— finanzielle Besserstellung
Nachteile:	
gegenüber *Ganztagsbeschäftigung*	gegenüber *Nichtbeschäftigung*
— weniger Verdienst	— Belastung — weniger Zeit für die Familie

Entsprechend den Ergebnissen bei der generellen Einstellung zur Berufstätigkeit sehen die Männer vorwiegend die wichtigsten Vor- bzw. Nachteile im Zeitaufwand, den die Frau auf Grund einer Teilzeitbeschäftigung für „die Familie" aufbringen kann, weniger in der körperlichen und psychischen Belastung, die signifikant häufiger von den Frauen angeführt wird (vgl. auch Ifes, 1967, S. 40f.).

Zusammenfassend läßt sich für die Einstellung der Befragten gegenüber einer Teilzeitarbeit der Frau feststellen, daß eine solche Möglichkeit von nahezu allen Befragten unserer Stichprobe grundsätzlich befürwortet wird. Die hierbei gefundenen Einflußgrößen stellen lediglich mehr oder weniger geringe Modifikationen auf Grund der besonderen individuellen Situation dar.

C. Geschlechterstereotyp und Befähigung zum Vorgesetzten

In einem eigenen Fragenkomplex (Frage 26 des Fragebogens) wurden die individuellen Erfahrungen, Meinungen und Vorstellungen über den eigenen Vorgesetzten erfaßt. Bei einer anderen Untersuchung (NEUBAUER, 1971) konnte gezeigt werden, daß gerade beim individuellen Verhältnis gegenüber dem Vorgesetzten und bei der Wahrnehmung seiner Persönlichkeitseigenschaften („person perception") spezielle Vorstellungen und Erwartungen eine bedeutsame Rolle spielen. In der vorliegenden Untersuchung wurde daher versucht, die durch das Merkmal „Geschlecht" ausgelösten Vorstellungen und Erwartungen, sowie die sich daraus ableitenden Präferenzen zu erfassen.

Wie aus Tab. 39 hervorgeht, bevorzugen 87,4 % aller Befragten einen männlichen Vorgesetzten, während nur 5,9 % eindeutig eine Frau als Vorgesetzte vorziehen.

Tabelle 39
Geschlechtspräferenz bei Vorgesetzten und Geschlecht (ohne „keine Angabe")
N = 493

Geschlechtspräferenz bei Vorgesetzten	Geschlecht männlich *f*	%	weiblich *f*	%	Gesamt *f*	%
lieber Mann	255	90,7	176	83,0	431	87,4
egal	21	7,5	12	5,7	33	6,7
lieber Frau	5	1,8	24	11,3	29	5,9
	281	100,0	212	100,0	493	100,0

Trennt man nach dem Geschlecht der Befragten, so zeigt sich ein signifikanter Unterschied der Bevorzugung ($p < 0,05$): Männer haben demnach lieber einen Mann als Vorgesetzten, während Frauen hier weniger entschieden reagieren. Trotz des festgestellten Unterschiedes spricht daraus eine eindeutige allgemeine Bevorzugung des Mannes als Vorgesetzten.

In einem weiteren Schritt der Analyse wurde nun geprüft, inwieweit die persönliche Erfahrung einen Einfluß auf die individuelle Präferenz eines bestimmten Geschlechtes und der damit zusammenhängenden Konsequenzen beim Vorgesetzten ausübt (Tab. 40).

Tabelle 40. *Bevorzugung eines männlichen Vorgesetzten und Erfahrung mit Vorgesetzten (ohne „keine Angabe")*
$N = 493$

	Präferenz							
	lieber Mann		gleichgültig		lieber Frau		Summe	
	f	%	*f*	%	*f*	%	*f*	%
a) *derzeitige Erfahrung:*								
augenblicklich männlicher Chef	391	89,9	30	6,9	14	3,2	435	100,0
augenblicklich weiblicher Chef	40	69,0	3	5,2	15	25,9	58	100,1
Zusammen	431	87,4	33	6,7	29	5,9	493	100,1
$r_{\text{phi}} = 0{,}20$; $p < 0{,}01$*								
b) *generelle Erfahrung:*								
mit Erfahrung von Vorgesetzten beiderlei Geschlechts	105	77,2	14	10,3	17	12,5	136	100,0
ohne Erfahrung, d. h. nur männlicher oder nur weiblicher Vorgesetzter	326	91,3	19	5,3	12	3,4	357	100,0
Zusammen	431	87,4	33	6,7	29	5,9	493	100,1
$C_{\text{cor}} = 0{,}26$; $p < 0{,}01$								

* Wegen zu geringer Erwartungswerte mußten die Kategorien „gleichgültig" und „lieber Frau" zusammengefaßt werden.

Die Ergebnisse zeigen, daß bereits die Erfahrung mit dem augenblicklichen Vorgesetzten einen signifikanten Einflußfaktor darstellt. Befragte mit einem augenblicklichen männlichen Chef bevorzugen mit 89,9% einen männlichen Chef, während Befragte mit einem weiblichen Vorgesetzten eine solche Präferenz lediglich in 69,0% angeben. Dies besagt, daß das allgemeine Stereotyp der Bevorzugung des Mannes als Vorgesetzten durch die derzeitige Erfahrung sehr deutlich abgeändert wird.

Einen ähnlichen Einfluß üben auch zeitlich weiter zurückliegende Erfahrungen aus. Trennt man nämlich die Stichprobe nach solchen Personen, die im Wege ihrer Berufsausübung Erfahrungen mit Vorgesetzten beiderlei Geschlechts gemacht haben, und in solche ohne beiderseitige Erfahrungen (vgl. Tab. 40), so zeigt sich ein ebenfalls sehr signifikanter Zusammenhang gleicher Art ($C_{cor} = 0{,}26$; $p < 0{,}01$). Vorläufig ist daher festzuhalten:

Die stereotype Bevorzugung des Mannes als Vorgesetzter ist dann am wirksamsten, wenn *keine* diesbezüglichen individuellen Erfahrungen vorliegen, d. h. wenn man also mehr oder weniger ungeprüft überkommene Vorstellungen oder Vorurteile übernehmen muß.

Dieses Ergebnis gilt jedoch nur für die grundsätzliche Präferenz, nicht jedoch für die Einschätzung eines möglicherweise zukünftigen, tatsächlichen Arbeitsverhältnisses mit einem männlichen bzw. weiblichen Vorgesetzten (gemessen durch eine Thermometerskala). Diese Einschätzungen wurden jeweils miteinander verglichen und nach Richtung der Abweichung zugunsten eines männlichen oder weiblichen Vorgesetzten ausgewertet. Die Ergebnisse sind in Tab. 41 zusammengefaßt.

Tabelle 41. *Qualität des Vorgesetztenverhältnisses und Geschlecht*
$N = 496$

Indexwert zugunsten	Männer		Frauen		Gesamt
	f	%	*f*	%	*f*
Mann	118	41,8	105	49,1	223
gleiche Angabe	124	44,0	83	38,8	207
Frau	20	7,1	19	8,9	39
unbestimmbar	20	7,1	7	3,3	27
	282	100,0	214	100,1	496

Übereinstimmend wird von den Befragten angenommen, daß mit einem männlichen Vorgesetzten besser auszukommen sei, wobei die Frauen dies der Tendenz nach sogar etwas häufiger annehmen. Trotzdem ist nicht zu übersehen, daß fast die Hälfte der Befragten sozusagen notfalls auch mit einem weiblichen Vorgesetzten genauso gut auskommen würden, obgleich man dies nach Möglichkeit vermeidet, ganz besonders dann, wenn noch keine diesbezüglichen Erfahrungen gemacht wurden. Der Grund für dieses vergleichsweise positivere Ergebnis liegt nicht etwa in einer mangelnden Konsequenz der Befragten, sondern in der Berücksichtigung der eigenen Fähigkeiten und Möglichkeiten, sich auf die besonderen Eigenschaften eines weiblichen Vorgesetzten umzustellen bzw. mit diesen Eigenschaften fertig zu werden. Die mit einem männlichen und einem weiblichen Vorgesetzten allgemein verbundenen Eigenschaften, d. h. die Eigenschaften, die nur aufgrund des Geschlechts unabhängig von der speziellen Person des Vorgesetzten vermutet werden, sind in Tab. 25 des Anhanges zusammengestellt (vgl. Tab. A 25).

Als Begründung für die Bevorzugung eines weiblichen Vorgesetzten wird von männlichen und weiblichen Angestellten genannt, er sei verständnisvoller, objektiver und gerechter, habe keine Launen und sei weniger gefühlsbetont sowie weniger aggressiv, auch ehrlicher und weniger intrigant. Vor allem sei man einen Mann als Vorgesetzten gewohnt, außerdem sei eine Frau insbesondere auf technischem Gebiet aufgrund ihrer geringeren Fachkenntnisse als Vorgesetzter undenkbar (vgl. Pross und Boetticher, S. 104). Signifikante geschlechtsspezifische Unterschiede bei der Begründung für eine Präferenz des männlichen Vorgesetzten ergaben sich wie folgt:

Übersicht 6. *Präferenzgründe für männlichen Vorgesetzten nach Geschlecht*

Es nennen *signifikant* häufiger

Männer:	*Frauen:*
1. Mann ist verständnisvoller	1. Mann ist objektiver, gerechter, keine Launen
2. Bessere Zusammenarbeit mit Mann	2. Frau ist aggressiver, eher Spannungen, Streit
3. Mann als Vorgesetzten gewöhnt	3. Mann ist großzügiger, toleranter, läßt sich leichter herumkriegen
4. Frau auf diesem Fachgebiet undenkbar	
5. Frau erfordert größere Rücksichtnahme	

Der Vergleich beider Begründungsreihen spricht für sich selbst. Er zeigt auch deutlich, daß die Frauen offensichtlich selbst über sich annehmen, daß es auf Grund einer größeren Emotionalität und Sensibilität zu vermehrten Spannungen, aggressiven Verhaltensweisen und Intrigen kommen würde. Ferner wird das Ergebnis bestätigt, das bereits im Zusammenhang mit der Mobilitätsneigung und der Aufstiegsorientierung herausgearbeitet wurde, wonach die Frauen auch im Berufsleben verstärkt dazu neigen. sich „mit weiblichen Waffen" durchzusetzen (vgl. in Übersicht 6 die Kategorien „Frau erfordert größere Rücksichtnahme" und „Mann läßt sich leichter herumkriegen").

In den wenigen Fällen der Bevorzugung eines weiblichen Vorgesetzten wird als Begründung eigentlich nur von den Frauen signifikant häufiger die „bessere Zusammenarbeit" genannt.

Die vorhandenen Vorstellungen und Erwartungen hinsichtlich eines geeigneten Vorgesetzten sind hochgradig stereotyp und offensichtlich für beide Geschlechter verbindlich. Außerdem zeigt sich, daß das Image eines guten Vorgesetzten in enger Verbindung mit dem Stereotyp des „typischen Mannes" steht. Wie allgemein verbreitet diese genannten Sozialstereotypien sind, beweist die Tatsache, daß Laube (1964) bei einer Untersuchung über die Frau als Vorgesetzte genau die gleichen Erwartungsstrukturen feststellte, zum Teil in wörtlicher Übereinstimmung. Von daher ist es auch zu erklären, wenn die Frauen bisher im technischen Sektor praktisch ausgeschlossen blieben (vgl. Krebs; Linke u. a.).

Nach den Angaben der befragten jungen Angestellten ist dieser allgemein vorhandene stereotype Vorstellungskomplex traditionaler Art über den *„typischen Mann"* durch folgende Merkmale gekennzeichnet:

> sachlich, objektiv und gerecht, leistungs- und aufstiegsorientiert, solides bzw. umfassendes Fachwissen besonders auf technischem Gebiet, dynamisch, widerstandsfähig, eventuell auch hart; berufliche Kontakte bevorzugt mit Männern, verhält sich Frauen gegenüber mit Nachsicht.

Als Entsprechung zu dem Image des Mannes ergibt sich auf Grund unserer Befunde folgender Vorstellungskomplex über das Image einer *„typischen Frau":*

> weniger sachlich, im ganzen eher gefühlsmäßig und impulsiv, launenhaft, verhältnismäßig geringe Leistungs- bzw. Aufstiegsmotivation; erfordert Rücksichtnahme und Beachtung, körperlich und psychisch weniger belastbar, eventuell nervös und zart; kämpft mit „weiblichen Waffen" gegenüber den männlichen Berufskollegen, weniger mit sachlichen Argumenten; bei Sozialkontakten mit Berufskolleginnen häufig aggressiv (vgl. auch die Befunde von Dunckelmann, 1961; Sommerkorn, 1969).

Umfassendere Beschreibungen dieses Stereotyps der Frau gehen noch weit über die hier gegebenen Merkmale hinaus, vor allem in älteren Darstellungen, bei denen das gesellschaftsspezifische Stereotyp mit seiner Tendenz zur Selbsterfüllung (Merton) als das naturgegebene und damit unveränderliche „Wesen" der Frau beschrieben wird. Neben den quasi-rationalen Argumenten wird dann meist noch hinzugefügt, daß die Frau eigentlich überhaupt nicht für das Berufsleben geeignet sei, da „der ursprünglichste und natürlichste Beruf der Frau, nämlich Gattin, Mutter und Hausfrau zu sein" (Mörsdorf, 1965, S. 10), ihre eigentliche Aufgabe sei.

Auf Grund der vorhandenen Vorstellungskomplexe besteht selbstverständlich eine enge Beziehung zwischen dem Erwartungssystem „Vorgesetzter" und dem Erwartungssystem „Mann". Da diese Erwartungen bei den männlichen und weiblichen Angestellten unserer Stichprobe gleichermaßen vorhanden sind, besteht logischerweise eine klare Präferenz eines männlichen Vorgesetzten bei beiden Geschlechtern. Interessanterweise wird aber die Einseitigkeit der Bevorzugung durch persönliche Erfahrung mit einem weiblichen Vorgesetzten verringert, d. h. es erfolgt eine Korrektur des Vorurteils durch die realen Erfahrungen.

Auf die systematische Bedeutung dieser Befunde wird im nun folgenden interpretativen Teil eingegangen.

Vierter Teil

Die jungen Angestellten — Interpretation der Ergebnisse

Die vorliegende empirische Untersuchung über die Lebensplanung und Lebensgestaltung junger Angestellter in Oberösterreich brachte eine Fülle von Informationen und Einzelergebnissen zu einer Reihe von zentralen Problemen. In diesem Abschnitt wird nun versucht, die wichtigsten, durchgängig beobachtbaren Linien herauszuarbeiten und anhand des theoretischen Konzepts (vgl. S. 7 f.), auf das sich die Untersuchung stützt, ein Gesamtbild des jungen Angestellten zu entwickeln.

Allgemein formuliert geht das theoretische Konzept davon aus, daß sich das soziale Selbstverständnis eines Individuums einschließlich der damit zusammenhängenden Verhaltensmuster von bestimmten, erkennbaren Merkmalen (Stimuli) und den mit diesen Merkmalen allgemein oder differentiell verbundenen Vorstellungen, sowie deren Wertschätzungen ableitet, wobei die subjektive Präsenz dieser Vorstellungen und Wertschätzungen ein Resultat vorhergegangener sozialer Lernprozesse ist.

Die Ergebnisse unserer Untersuchung haben gezeigt, daß sich das soziale *Selbstverständnis* der von uns befragten jungen Angestellten inhaltlich zunächst aus dem Bewußtsein ihrer Zugehörigkeit zur Angestelltenschaft, d. h. „zu den Angestellten", bestimmt. Objektiviert wird diese Zugehörigkeit durch verschiedene äußere Merkmale, die sich aus der Art der Tätigkeit, aus der Art des Arbeitsplatzes, der Kleidung, sowie der sozial- und arbeitsrechtlichen Sonderstellung herleiten. Diese Tatsache hat bisher deshalb häufig Verwirrung gestiftet, da sich jeder Träger dieser Merkmale, mithin also jeder tatsächliche Angestellte, mehr oder weniger mit einem sozialen Leitbild identifiziert, das im wesentlichen wohl realiter nur für den höheren Angestellten zutrifft. Man sprach deshalb auch von einem „falschen Bewußtsein" des Angestellten. Hierbei wurde jedoch die sozialpsychologisch relevante Tatsache übersehen, daß dieses Leitbild eine Gruppennorm represäntiert, deren Einhaltung eine notwendige Bedingung für die Zugehörigkeit zu einer geschlossenen Gruppe darstellt. Wie die Ergebnisse zeigen, erfolgt eine umso stärkere Betonung dieses Leitbildes und eine Distanzierung „nach unten", je weniger sich die befragte Person objektiv, d. h. von der Qualifikation der Tätigkeit her, von den Arbeitern unterscheidet.

Bei diesem Leitbild handelt es sich um einen allgemeinen stereotypen Vorstellungskomplex über den „typischen Angestellten" als eine Art fiktiver Idealperson. Die besonderen Charakteristika des Sozialstereotyps „Angestellter" zeigen sich im Rahmen unserer Untersuchung durchgängig bei den Präferenzen bestimmter Tätigkeitsmerkmale, bei der Einstellung zur Berufstätigkeit und bei der Leistungs- und Aufstiegsmotivation. Das vorhandene *Angestellten-Stereotyp* umfaßt folgende wesentliche Eigenschaftskomplexe:

— „Quasi-unternehmerische" Haltung
— dispositive Tätigkeiten bei relativ freiem Handlungsspielraum
— interessante, abwechslungsreiche Tätigkeit
— hoher Wissensstand, hohe Verantwortung
— hohe Einkommens- und Aufstiegschancen
— relativ hohes Sozial-Prestige

Durch die Zuordnung dieser Eigenschaftsmerkmale und durch die Orientierung „nach oben" setzen sich etwa zwei Drittel der befragten Angestellten auch mehr oder weniger deutlich von den *Arbeitern* ab, denen vor allem ein geringeres Sozial-Prestige zuerkannt wird (vgl. die Ergebnisse S. 64 f.).

Eine psychologische Distanzierung der Angestellten läßt sich aber auch gegenüber den *Beamten* nachweisen, die aufgrund unserer Befunde in den Augen der Angestellten vor allem durch folgende Merkmale gekennzeichnet wird:

— sichere Existenz, kein Risiko
— starres Schema, bürokratischer Apparat
— langweilige Tätigkeit, Routine

— automatische Vorrückung, „Ersitzen“ von Rechten, keine außerordentliche Aufstiegsmöglichkeit
— vor allem in jungen Jahren geringes Einkommen
— gehobenes Sozial-Prestige

Wie an anderer Stelle (S. 66f.) herausgearbeitet wurde, verweist die starke Betonung der Existenzsicherung bei der Charakterisierung des Beamten auf den hohen Aktualitätsgrad dieses Problems bei den Angestellten, die ihr besonderes Sicherheitsbewußtsein nach Neuloh aus der Überzeugung von der eigenen Leistung und aus dem Bewußtsein der Unentbehrlichkeit für die Firma ableiten. Im ganzen besteht trotzdem eine gewisse Affinität mit dem Beamten, der historisch betrachtet wohl auch ein Vorbild des Angestellten als „Privatbeamten“ war. Die psychologische Nähe ließ sich bei der vorliegenden Untersuchung vor allem im Bereich des Geldverkehrs und bei den Privatversicherungen noch nachweisen, wo sogar die Berufsbezeichnung (z. B. „Bankbeamter“) eine solche Beziehung erkennen läßt.

Die mehr oder weniger starke Identifikation mit dem fiktiven „typischen Angestellten“ gibt jedoch nur den allgemeinen Bezugsrahmen, innerhalb dessen sich eine weitere Spezifikation aus der individuellen Zugehörigkeit zu einer bestimmten Altersklasse, zu einem bestimmten Geschlecht, dem Berufsniveau, und zu einem bestimmten sozialen Hintergrund als wichtigste Merkmale ergibt (vgl. theoretisches Konzept, S. 10f.). Dies mag daran aufgezeigt werden, daß sich beispielsweise die jungen Angestellten im allgemeinen sehr deutlich und mit hohem Übereinstimmungsgrad von einem „älteren Angestellten“ distanzieren, der vorstellungsmäßig weniger dynamisch und weniger umstellungsfähig gesehen wird, wobei er im ganzen einem „typischen Beamten“ sehr ähnlich kommt.

In der Tat ließen sich bei den befragten jungen Angestellten Einstellungen, Erwartungen und Verhaltensweisen feststellen, die in einem sehr engen Bezug zu der beschriebenen stereotypen Ideal-Vorstellung stehen. In Übereinstimmung mit den Ergebnissen anderer Untersuchungen (Croner; K. V. Müller; Jaeggi und Wiedemann u. a.) zeigte sich für die meisten Befragten eine hohe *Leistungs- und Aufstiegsmotivation,* vor allem bei der Einschätzung der persönlichen Berufschancen, bei der Weiterbildungsabsicht und bei dem Grad der Identifikation mit dem Betrieb (vgl. S. 53 f.). Entsprechend dieser überwiegend feststellbaren funktionalistischen, d. h. einer an realen Leistungen und Funktionen orientierten Einstellung, wird auch von den meisten ein *Gesellschaftsbild* bevorzugt, das einen mehr oder minder leichten individuellen Aufstieg durch Leistung einschließt. Allerdings wird von einem geringen Teil der jungen Angestellten die Gesellschaft als dichotomisch betrachtet, ein Faktum, das nicht ohne Rückwirkung auf die eigene Leistung bleibt.

Im engen Zusammenhang mit der beachtlichen Leistungs- und Aufstiegsmotivation steht die bei den jungen Angestellten ziemlich allgemein feststellbare *Planung* auf längere Sicht und das der „Fern-Orientierung" (vgl. NEUBAUER, 1967) dienende *Informationsbedürfnis* wie auch das Informationsverhalten, das bei den Angestellten deutlich stärker ausgeprägt ist, als bei einer in etwa vergleichbaren Stichprobe junger Arbeiter (vgl. TH. SCHARMANN, 1967). Besonders bei den bevorzugten Inhalten der Massen-Kommunikationsmittel (Zeitungsartikel, Rundfunksendungen, Fernsehsendungen) kommt dieses Informationsbedürfnis nach seriösen und wichtigen Inhalten wie Politik, Wirtschaft, Wissenschaft u. dgl. deutlich zum Ausdruck. Wie sich ferner bei den Fragen zur Einstellung gegenüber einer beruflichen Mobilität zeigte, bezieht sich dieses Informationsbedürfnis im besonderen auch auf den Berufsbereich, wo man möglichst viele und genaue Informationen zu erhalten trachtet, um seine Kenntnisse zu erweitern und um eine Entscheidungsgrundlage für mögliche berufliche Veränderungen zu haben. Die gleiche Haltung spricht natürlich ebenso aus der allgemeinen Einstellung zur beruflichen Weiterbildung und aus dem Gebrauch solcher Möglichkeiten, sowie aus den Plänen für die künftige Ausbildung der eigenen Kinder.

Die Entscheidungen selbst erfolgen wohl dann unter Berücksichtigung und realistischer Abwägung aller verfügbaren Fakten, wobei im Zusammenhang mit verbesserten Aufstiegsbedingungen durch berufliche Mobilität auch bewußt ein vorübergehender Verlust der gewohnten Gruppenbeziehungen in Kauf genommen wird (vgl. FÜRSTENBERG). Prospektivität (VON FRIEDEBURG und WELTZ) und Planung auf längere Sicht werden überdies durch die enorm hohe mittlere monatliche Sparrate und durch die Präferenzskala der

Sparziele abgesichert und bestätigt (vgl. S. 94). Besonders charakteristisch ist dabei die Möglichkeit einer aufgeschobenen Bedürfnisbefriedigung („deferred gratification pattern"; vgl. STRAUSS; SCHNEIDER und LYSGAARD) zugunsten einer Befriedigung auf höherem Niveau zu einem späteren Zeitpunkt.

Die im allgemeinen vorhandene realistische und zum großen Teil pragmatisch-utilitaristische, an Fakten orientierte Grundhaltung erweist sich auch im Verhältnis der jungen Angestellten zur *Politik* und zu den *Interessenvertretungen* (vgl. S. 69 f.). In ähnlicher Weise wie man grundsätzlich erst die reinen Fakten feststellt, sie rational auf ihre Konsequenzen überprüft, um danach seine Entscheidungen „marktgerecht" zu treffen, überprüft man auch hier im allgemeinen zunächst alle Dinge auf ihre Brauchbarkeit und Nützlichkeit für die eigene Existenz oder für das eigene Vorwärtskommen, wobei man sich allerdings nur schwer für mehr oder weniger anonyme Institutionen erwärmt.

Diese funktionalistische Einstellung und Nüchternheit des Urteils findet sich auch bei den Vorstellungen und Erwartungen bezüglich der *Automation* und ihrer Auswirkungen. Man ist sich zwar im allgemeinen der Möglichkeit einer umwälzenden Veränderung der eigenen Arbeits- und Berufssituation bewußt, denkt aber gleichzeitig an eine entsprechende individuelle Umstellung, die bei den jungen Angestellten als selbstverständlich gilt. In gleicher Weise befürworten praktisch alle Befragten die Einführung der Automation angesichts des technischen Fortschritts und eines wachsenden wirtschaftlichen Konkurrenzkampfes als „quasi-naturgesetzliche" (LUTZ u. a.) Notwendigkeit. Bedenken werden nur im Hinblick auf „ältere" Angestellte geäußert, für die man infolge der gemutmaßten geringeren Dynamik und Umstellungsfähigkeit im allgemeinen eher negative Konsequenzen befürchtet (vgl. S. 88 f.).

Dieses hier gezeichnete, vereinfachte Bild des jungen Angestellten entspricht im ganzen wohl ziemlich genau dem Typus des „Industriebürgers" nach TH. SCHARMANN (1967, S. 19; 1970), einem in der modernen Industriegesellschaft in zunehmendem Maße sich abzeichnenden typischen Einstellungs- und Verhaltenskomplex, der sich angesichts einer sich immer rascher verändernden Umwelt durch „Ubiquität" und Mobilität als Grundlage der Existenzsicherung bzw. Existenz-Orientierung auszeichnet. Allerdings können nicht alle befragten jungen Angestellten diesem Typus zugeordnet werden. Deutlich erkennbar gibt es vor allem bei den etwas älteren Angestellten der Stichprobe eine Haltung, die sich eher auf die Geschichtetheit der Gesellschaft beruft, wobei die Distanzierung gegenüber den Arbeitern stärker versucht wird. Diese Personen tendieren im ganzen eher zu einem tradierten Schicht- oder sogar Klassendenken, das den funktionalistisch-progressiven Aspekt etwas in den Hintergrund treten läßt.

Aufgrund unserer Befunde zeigt sich eigentlich durchgängig, daß sich der hier idealtypisch als „Industriebürger" skizzierte junge Angestellte in dieser Form vorwiegend auf die männlichen Angestellten und nur auf einen verschwindend kleinen Teil der weiblichen Angestellten beschränkt. Im Vergleich zu den männlichen Angestellten als Prototyp des Angestellten im Sinne unseres theoretischen Konzepts (vgl. S. 13) weicht die überwiegende Mehrzahl der befragten *weiblichen Angestellten* vor allem in den folgenden Merkmalen vom Standard ab:

- Berufstätigkeit „auf Zeit", d. h. keine Absicht auf lebenslange Berufstätigkeit;
- Überwiegend geringe Aufstiegsmotivation;
- Überwiegend geringe Mobilitätsneigung, „Zufriedenheit" mit der gegebenen Berufsposition;
- Zurückhaltung bei Fragen aus dem Bereich der Politik, Gewerkschaft usw.;
- Starke Betonung des sozio-emotionalen Bereiches und Bindung an einen bestimmten Arbeitsplatz.

Die von uns gefundenen Ergebnisse werden sowohl durch die Befunde bei Angestelltenuntersuchungen (Hauschildt-Arndt; Neundörfer) als auch bei einschlägigen Untersuchungen von Arbeiterinnen (Höhn; Jaide; Laube; D. L. Scharmann 1962 und 1966; Wagner, Körner und Neubert) gestützt. Wie bei der Darstellung unserer Ergebnisse bereits häufig hervorgehoben wurde, ist der Grund für diese Abweichung in den gegenwärtigen Auswirkungen eines traditionalen Leitbildes als Erziehungsideal zu suchen. Ausgehend von objektiv vorhandenen geschlechtsspezifischen körperlichen Unterschieden erfolgte eine systematische Ausweitung und Generalisierung dieser Unterschiede im Sinne einer Zwei-

Übersicht 7. *Traditionale Leitbilder von „Mann“ und „Frau“*

	MANN	FRAU
1. *Zielsetzung,* Aufgaben	*„Außendienst“:* Ausübung einer lebenslangen Berufstätigkeit zur Ernährung der Familie; „Haushaltsvorstand“, d. h. Vorgesetzter und „Beschützer“ der Familie; Erwerb eines bestimmten gesellschaftlichen Status; Politik, Vereine usw.; „Kriegshandwerk“;	*„Innendienst“:* Haushalt, Kinderaufzucht, „Gefährtin“ bzw. „Gehilfin“ (Schöpfungsgeschichte!) des Mannes; Partizipation am Status des Mannes; Musische Tätigkeiten (Lyrik usw.);
2. erlaubte bzw. geforderte Mittel zur *Zielerreichung*		
a) Verhaltens- bzw. Charaktereigenschaften	rational, sachlich, gerecht, hart, Durchsetzungsvermögen; „Begabung“ für Technik, Mathematik, sowie für „Menschenführung“	emotional, launenhaft, unberechenbar, „weibliche Logik“, weich und nachgiebig; „Begabung“ im Sozialbereich
b) besondere *Strategien* und deren Voraussetzungen	gute Schulbildung mit Abschluß (Status!); Behauptung im Beruf, beruflicher Aufstieg durch Sachkenntnisse	*Konnubium,* d. h. Heirat eines Mannes mit den gewünschten Eigenschaften; dazu notwendig: — Charme, Schönheit („weibliche Waffen“) — Anpassungsfähigkeit — „Hilflosigkeit“ zur Erregung der Aufmerksamkeit u. a.

Poligkeit, die dann zu einer kulturellen „Selbstverständlichkeit" (HOFSTÄTTER) und damit zu einem allgemein verbindlichen Leitbild über das „Wesen" von Mann und Frau wurde. Diese traditionalen Stereotype von Mann und Frau sind stark vereinfacht in Übersicht 7 einander gegenübergestellt.

Zentrale Grundannahme dieser traditionalen „Anthropologie" ist die prinzipielle, d. h. „naturgegebene", Wesensverschiedenheit, die nicht nur für das Verhältnis von Mann und Frau, sondern auch für den Gesellschaftsaufbau nach „Ständen" Anwendung fand.

Die theoretische Folgerung aus einer solchen Grundannahme ist logischerweise die Unveränderbarkeit und damit die statische Ordnung. Wenn es nämlich solche grundsätzlichen „Wesensunterschiede" gibt, kann eine Abweichung nur gefährlich sein, da sie die naturgegebene Ordnung stört.

Diese von der Gesellschaft vorgegebenen „Wesensmerkmale" der Geschlechter mußten daher durch Erziehung jeweils möglichst genau erreicht werden, da Abweichungen von dieser Norm stark negativ sanktioniert wurden. Der Erziehungseffekt wurde durch die bewußte Setzung von Anreizen z. B. in Form von Spielzeug (Zinnsoldaten, Werkzeugkasten, mechanisches Spielzeug für Knaben; Puppen für Mädchen) und durch eine entsprechende Bewertung von Verhaltensweisen (besonders deutlich bei der unterschiedlichen Bewertung des Weinens!) mit hoher Sicherheit gewährleistet. So galten auch beispielsweise sportliche Betätigungen wie Radfahren im Zeitpunkt der Hochblüte dieser traditionalen Leitbilder als ausgesprochen unweiblich.

Zweifellos war eine solche Rollen- und Funktionsteilung zwischen den Geschlechtern solange sinnvoll und zweckmäßig, als durch die Struktur des Wirtschafts- und Sozialsystems (z. B. Vorherrschen von Urproduktion und Handwerk) eine tatsächliche Bedeutung der vorhandenen Unterschiede gegeben war. Da aber solche stereotypen Systeme, wie wir an anderer Stelle theoretisch abgeleitet haben, eine Tendenz zur Beharrung aufweisen, ist es erklärlich, daß auch heute unter den völlig veränderten wirtschaftlichen und sozialen Bedingungen noch sehr deutliche Auswirkungen dieses traditionalen Leitbildes zu beobachten sind, obwohl die physischen Unterschiede heute längst nicht mehr die Ungleichbehandlung von Mann und Frau in ausreichendem Maße begründen können (vgl.

BINDER-WEHBERG). Als Beispiel im außer-beruflichen Bereich sei daran erinnert, daß es tabuierte Sportarten wie Damenfußball gibt, während man andererseits beim Damenhockey keinerlei Bedenken hegt. Traditionellerweise sucht man bei solchen unangenehmen Zweifelsfällen als Entscheidungskriterium nach quasi-medizinischen Gründen, die dann üblicherweise auch rasch gefunden und publiziert werden. Auffällige Auswirkungen dieser traditionalen Leitbilder finden sich aber besonders im beruflichen Bereich. Unter diesem traditionalen Aspekt bedeutet die Berufstätigkeit der Frau nach Verheiratung für den Mann eindeutig eine Demonstration seiner eigenen Unfähigkeit zur Ernährung der Familie, und damit ein empfindlich prestige-minderndes Merkmal.

Bei unseren Befragten, vor allem beim jüngeren Teil der Stichprobe, macht sich aber bereits eine weit flexiblere Einstellung bemerkbar, wonach eine eigene Berufstätigkeit der Frau durchaus begrüßt wird. Allerdings wird als hauptsächliche Begründung die finanzielle Notwendigkeit hervorgehoben, d. h. der Zwang zur Berufstätigkeit der Frau angesichts der Einkommensverhältnisse bei entsprechender Höhe des eigenen Anspruchsniveaus. Interessanterweise nennen aber die jungen weiblichen Angestellten überraschend häufig als Grund für die Berufstätigkeit ihr Interesse an der Berufsausübung selbst [vgl. S. 100 f.; auch ROSENMAYR, 1969 (a), S. 6].

Trotzdem sind bei unseren Befunden noch eindeutig die Auswirkungen von solchen traditionalen Leitbildern sowie eine Übertragung dieser allgemeinen Lebenseinstellung und der damit gekoppelten Lebenserwartungen auf den beruflichen Bereich feststellbar. Während etwa zwei Drittel der befragten männlichen Angestellten im Alter von 40 Jahren leitende Positionen einzunehmen gedenken, ist dies bei den Frauen nur eine verhältnismäßig bescheidene Anzahl, wobei interessanterweise die jeweiligen Auto- und Heterostereotype hinsichtlich des beruflichen Vorwärtskommens nahezu völlig übereinstimmen (S. 46 f.). Auch für die übrigen verwendeten Variablen zur Erfassung der Leistungsmotivation ergaben sich statistisch signifikante geschlechtsspezifische Unterschiede konsistenter Art. Ähnliche Unterschiede als Auswirkung traditionaler Leitbilder waren auch im Bereich der politischen Interessiertheit und im Verhältnis zu Gewerkschaft und „Arbeiterkammer“ als Interessenvertretungen der Angestellten zu beobachten (vgl. S. 69f.). Die befragten weiblichen Angestellten lassen im Gegensatz zu den mehr rational ausgerichteten männlichen Angestellten vorwiegend eine starke Betonung des sozio-emotionalen Bereiches erkennen. Offensichtlich entwickeln die Frauen unter der Voraussetzung des Vorhandenseins eines „angenehmen" Vorgesetzten und ebensolcher Kollegen besonders leicht eine mehr emotionale Bindung an ihren Arbeitsplatz bzw. ihre Firma, so daß sich ein subjektives Gefühl der „Zufriedenheit" einstellt, das seinerseits eine geringe Tendenz zur Veränderung oder zur beruflichen Mobilität zu Folge hat. Vielleicht erklärt sich daraus auch das auffällig geringe Interesse der weiblichen Angestellten nach berufsrelevanten Informationen, sogar im Zusammenhang mit Gehaltsfragen. Dies besagt jedoch nicht, daß bei allen weiblichen Angestellten eine solche eher traditionale Zielsetzung mit der Konsequenz einer Berufstätigkeit „auf Zeit" gegeben ist. Vielmehr weisen gerade unsere Befunde im Zusammenhang mit der generellen Einstellung zur Berufstätigkeit und besonders bei der Einstellung gegenüber der Teilzeitarbeit auf eine erhöhte Berufsverbundenheit hin, wenn beispielsweise fast alle verheirateten Frauen unserer Stichprobe die Möglichkeit einer Beibehaltung der Berufstätigkeit durch Teilzeitarbeit begrüßen (vgl. S. 107f.). Ebenfalls beachtlich ist auch der Prozentsatz der befragten weiblichen Angestellten, die an den gleichen beruflichen Aufstieg wie bei den männlichen Kollegen denken (vgl. S. 46).

Entsprechend den festgestellten, stark traditionsbestimmten allgemeinen Vorstellungen über geschlechtsspezifische Zielsetzungen als „Daseinszweck" sind diesen auch unterschiedliche Techniken und Strategien zur Zielerreichung zugeordnet. Während die männlichen Befragten unserer Stichprobe ziemlich übereinstimmend ihre angestrebten Berufsziele durch berufliche Leistung, Fachkenntnisse und berufliche Weiterbildung verwirklichen wollen (vgl. S. 50), versucht es ein Großteil der befragten weiblichen Angestellten im Sinne der traditionalen Strategie mit Anpassung und braver Pflichterfüllung ohne darüber hinausgehende Initiative. Nebenbei sei angemerkt, daß beispielsweise bei Sekretärinnen auch heute noch der direkte Weg über das Konnubium (Eheschließung) oder ähnliche Zwischenformen nicht selten gelingt. Sieht man jedoch von solchen Ausnahmen ab, so kann aufgrund der Befunde vieler empirischer Untersuchungen festgestellt werden, daß diese beschriebene traditionale Strategie auch bei höherer Schulbildung im Rahmen des vorwiegend rational organisierten und auf Sachleistungen bezogenen Systems moderner Betriebe oder Verwaltungen bestenfalls zu einem Aufstieg in mittlere Funktionen führen kann. Wird nun ein Aufstieg über diese Positionen hinaus angestrebt, so bleibt als Alternative innerhalb dieses Systems nur die „männliche“ Strategie. Da mit aufsteigendem Lebensalter die traditionalen Vorstellungen zunehmend vertreten werden, stößt eine solche aufwärts-mobile Frau auf wachsenden Widerstand bei ihren Vorgesetzten, wodurch sie gezwungen wird, „typisch männliche“ Eigenschaften wie Fachwissen, Ehrgeiz, Dynamik und auch Härte in besonderem Maße zu entwickeln, um sich gegen diese Widerstände durchzusetzen. Im Endeffekt kann sich dann sogar eine partielle Bestätigung des alten Stereotyps ergeben, da eine solche Frau tatsächlich einen „Schuß“ Männlichkeit im Sinne des traditionalen Leitbildes besitzt, ja gewissermaßen besitzen muß (vgl. die vermuteten Eigenschaften eines männlichen oder weiblichen Vorgesetzten, S. 110 f.).

Einige Befunde unserer Untersuchung vor allem im Zusammenhang mit Lebensalter und Berufsniveau der Befragten lassen unschwer einen Trend dahingehend beobachten, daß eine Aufweichung dieser traditionalen Stereotype erfolgt, wobei an ihre Stelle ein *funktionalistisch-dynamisches* Menschenbild zu treten beginnt. Zentrale Grundannahme dieser Alternativ-Auffassung ist die prinzipielle Gleichheit von Mann und Frau bei Anerkennung faktischer Unterschiede. Die traditionalen Merkmale sind hierbei lediglich ein Spezialfall der Rollen- und Funktionsteilung, die aber inhaltlich nicht zwingend vorgeschrieben ist, also eine individuelle „freiwillige Kooperation“, wie sie Strotzka (1969) fordert, als eine Grundbedingung impliziert.

Besonders von den jungen Befragten der vorliegenden Stichprobe scheint aufgrund einer weitgehend vorurteilsfreien, funktionalistischen Haltung die Frau häufig als gleichwertige Partnerin und Kollegin anerkannt zu werden, wenn sie eine entsprechende Qualifikation aufweist und durch ihr Verhalten keine Reaktivierung veralteter Stereotype provoziert. Ja es zeigt sich sogar, daß bei den männlichen Angestellten eine größere Bereitschaft zu einer Veränderung besteht als bei den Frauen selbst, die im ganzen noch stärker den Verhaltensmustern älteren Stils verhaftet sind. Der allgemeine Wandel der Einstellungen zeigt sich vor allem auch in den Ausbildungsabsichten der Befragten für ihre eigenen Kinder, bei denen zwar noch gewisse Auswirkungen traditionaler Einstellungen erkennbar sind, jedoch hinsichtlich des Ausbildungsniveaus und damit auch der individuellen Aufstiegs- und Lebenschance deutliche Angleichungstendenzen erkennen lassen. Erst nach Abbau dieser diskriminierenden Erwartungssysteme und den davon ausgelösten tatsächlichen Verhaltensunterschieden wird auch ein Teil der weiblichen Angestellten als „Industriebürgerin" in der Lage sein, auf die allgemeinen und speziellen Bedingungen des Arbeitsmarktes bzw. der Wirtschaft ebenso rasch und flexibel zu reagieren wie ihre Kollegen. Bis dorthin wird es aber notwendig sein, durch entsprechende Maßnahmen auf dem Bereich der Berufsausbildung und Information, aber auch beispielsweise über die Schaffung wirtschafts- und finanzpolitischer Anreizsysteme zur Erhöhung des Angebotes von Teilzeitbeschäftigungsmöglichkeiten diese zukünftige Entwicklung zu unterstützen und damit auch einen wichtigen Teil latenter Arbeitskraft volkswirtschaftlich zu nutzen. Die funktionale Betrachtungsweise mit der Grundannahme prinzipieller Gleichheit, wie sie auch in den Maßnahmen des Gesetzgebers zunehmend Berücksichtigung findet, darf aber nicht dazu verleiten, eine grundsätzliche Nivellierung zu postulieren. Selbstverständlich sind alle Personen, die von den Auswirkungen des industriellen Prinzips betroffen werden und die infolgedessen über Generationen den Einstellungskomplex „Industriebürger" entwickelt haben, hinsichtlich dieses Merkmalskomplexes ähnlich oder — wenn man will — verglichen mit einem zeitlich vorgehenden Zustand „nivelliert". Diese Verähnlichung bezieht sich jedoch zunächst nur auf ein Merkmal oder auf einen Merkmalskomplex. Es wäre jedoch ein Trugschluß, aus der Beobachtung einzelner solcher Vorgänge eine Gesamtnivellierung ableiten zu wollen. So etwa, wenn man aus der Gleichheit oder Ähnlichkeit bestimmter Funktionen bei Angestellten und Arbeitern auf die prinzipielle Gleichheit schließt (vgl. Henze, 1961). Denn es ist eine Systemeigenschaft der funktionaldynamischen Ordnung, daß eine Änderung von Merkmalen und der Wertigkeit dieser Merkmale ohne weiteres möglich ist. Daher ist auch das Verfahren der historischen Argumentation, in dem man etwa auf bestimmte eigenständige Leistungen der Angestellten in der Vergangenheit hinweist, genausowenig beweiskräftig, wenn man nicht gleichzeitig die Relevanz dieser Entwicklung für die Gegenwart nachweisen kann. In der Tat gibt es beispielsweise in der Bundesrepublik Deutschland Tendenzen der arbeits- und sozialrechtlichen Annäherung der Stellung des Arbeiters an die des Angestellten, die sich nicht einfach vernachlässigen lassen (vgl. Kern und Schumann, 1970). Sozialpsychologische Forschungen vor allem bei Kleingruppen haben aber gezeigt, daß gleichzeitig mit solchen Prozessen der sozialen Verähnlichung, wie beispielsweise die Ausbildung gemeinsamer Normen als Voraussetzung des Zusammenlebens, notwendigerweise Prozesse der sozialen Differenzierung ablaufen, deren Ziel die Unterscheidbarkeit von kleineren Strukuren ist. Beide Prozesse haben historisch zur Ausgliederung der Angestellten und gleichzeitig zur funktionellen Autonomie des Selbstverständnisses von den Ursprungsbedingungen und zur Vereinheitlichung der Angestelltenschaft geführt.

Ähnliche Vorgänge lassen sich heute bei den EDV-Berufen als neue Sparte beobachten. Als differenzierende Merkmale fungieren Spezialkenntnisse, eigene Programmier- bzw. Maschinensprache, weißer Mantel und separierter Arbeitsplatz in klimatisierter Umgebung, wobei sich gleichzeitig im allgemeinen ein elitäres Bewußtsein als Partizipation am Nimbus des Computers nachweisen läßt, das für die unteren Positionen zumindest genauso „falsch“ ist, wie man dies bei den Angestellten überhaupt festzustellen pflegte. Es ist daher psychologisch plausibel, daß bei EDV-Personal angesichts einer solchen Vielzahl vorhandener unterscheidender Kriterien eine extrem funktionalistische Auffassung vertreten wird (vgl. Jaeggi und Wiedemann).

Berücksichtigt man daher die Existenz solcher sozialer Prozesse, so ist sicher, daß die jungen Angestellten einerseits durch ihre Einstellungs- und Verhaltensweisen als „Industriebürger“ die maßgebliche Grundlage für die Integration in die moderne Industriegesellschaft aufweisen, sich aber nach unseren Befunden andererseits in ihrem sozialen Selbstverständnis mit spezifischen Zielen und Interessen deutlich als eigene Gruppe abgehoben erleben. Die Entwicklung bringt es zwar mit sich, daß sich vor allem beim Übergang zu einer dynamischen Ordnung Angleichungen bei bestimmten Merkmalen ergeben, deren isolierte Betrachtung notwendigerweise zur Nivellierungsthese führen muß. Im Gesamtbild, wie es in der vorliegenden Untersuchung wenigstens im Ansatz angestrebt wurde, erleben sich jedoch die jungen Angestellten als moderne, weltoffene Staatsbürger, die weit davon entfernt sind, eine „unheimliche Jugend "(BEDNARIK, 1970) zu sein.

Literaturverzeichnis

Arbeiterkammergesetz, vom 19. 5. 1954, BGBl. Nr. 105.

Arbeiterkammer Oberösterreich, Pressedienst, Endergebnis der Arbeiterkammerwahl 1969 in Oberösterreich, Linz 1969.

Aufhäuser, S., An der Schwelle des Zeitalters der Angestellten, Berlin 1963.

Bahrdt, H. P., Industriebürokratie, Stuttgart 1958.

Bandura, A., and R. H. Walters, Social learning and personality development, London 1965.

Bayerisches Staatsministerium für Arbeit u. soz. Fürsorge (Hrsg.), Soziale Probleme der Automation in Bayern, München 1969.

Bednarik, K., Der junge Arbeiter von heute — ein neuer Typ, Stuttgart 1953.

—, Die unheimliche Jugend, Wien — München 1970.

Bergler, R., Die psychologische Struktur der Leitbilder Jugendlicher, Vita Humana, *5*, 1962, S. 34—60.

—, Psychologie stereotyper Systeme, Bern und Stuttgart 1965.

Binder-Wehberg, F., Ungleichbehandlung von Mann und Frau, Berlin 1970.

Blecha, K., Wähler und Parteien. In: K. Blecha, R. Gmoser und H. Kienzl, Der durchleuchtete Wähler, S. 73—126, Wien 1964.

—, Die politische Einstellung der Jugend. In: R. Stiefbold u. a. (Hrsg.), Wahlen und Parteien in Österreich, S. 559—565, Wien 1966.

—, R. Gmoser und H. Kienzl, Der durchleuchtete Wähler, Wien 1964.

Blücher, V., Graf, Jugend, Bildung und Freizeit, Hamburg und Bielefeld 1966 (a).

—, Die Generation der Unbefangenen, Düsseldorf — Köln 1966 (b).

Bodzenta, E. (Hrsg.), Der Mittelstand im Gesellschaftsaufbau, Schriftenreihe des „Österreichischen Institutes für Mittelstandspolitik", Linz, Jg. 1969.

Böhrs, H., Die wachsenden Büros und der Strukturwandel der menschlichen Arbeit, München und Bern 1960.

Bolte, K. M., K. Aschenbrenner, R. Kreckel und R. Schultz-Wild, Beruf und Gesellschaft in Deutschland — Berufsstruktur und Berufsprobleme, Opladen 1970.

Braun, S., Zur Soziologie der Angestellten, Frankfurt/M. 1964.

BRAUN, S., und J. FUHRMANN, Angestelltenmentalität — Berufliche Position und gesellschaftliches Denken der Industrieangestellten, Neuwied und Berlin 1970.

BUCKINGHAM, W., Automation und Gesellschaft, Frankfurt/M., 3. Aufl., 1967.

Bundeskammer der Gewerbl. Wirtschaft (Hrsg.), Teilzeitbeschäftigung in Österreich, Bd. I: Zusammenfassung, Bd. II: Tabellenteil, Wien 1967.

Bundeskanzleramt, Bericht über die Lage der Familien in Österreich — „Familienbericht 1969", Wien 1969.

CLAESSENS, D., J. FUHRMANN, G. HARTFIEL und H. ZIRWAS, [O. STAMMER (Hrsg.)], Angestellte und Arbeiter in der Betriebspyramide, Berlin-Wilmersdorf 1959.

CRONER, F., Der Angestellte von heute. In: H. BAYER (Hrsg.), Der Angestellte zwischen Arbeiterschaft und Management, Berlin 1961 (a).

—, Tatsachen, Theorie und Wertungen — Beiträge zur Diskussion über das Angestelltenproblem, Kölner Z. f. Soz. u. Sozialpsych., *XIII*, S. 575—613, 1961 (b).

—, Angestellte. In: W. BERNSDORF (Hrsg.), Wörterbuch der Soziologie, Stuttgart, 2. neubearb. u. erw. Aufl., S. 23—26, 1962 (a).

—, Soziologie der Angestellten, Köln — Berlin 1962 (b).

—, Die Angestellten in der modernen Gesellschaft. In: R. GMOSER (Hrsg.), Gewerkschaftsbewegung in unserer Zeit, S. 107—126, Wien 1966.

DAHEIM, H. J., Die Vorstellungen vom Mittelstand, Kölner Z. f. Soz. u. Sozialpsych., *XII*, S. 237—277, 1960.

DAHRENDORF, R., Soziale Klasse und Klassenkonflikt, Stuttgart 1959.

DALE, J. R., The clerk in industry, Liverpool 1962.

DUNCKELMANN, H., Die erwerbstätige Ehefrau im Spannungsfeld von Beruf und Konsum, Tübingen 1961.

FESTINGER, L., A theory of cognitive dissonance, New York 1957.

FRIEDAN, B., Der Weiblichkeitswahn, Reinbek bei Hamburg 1966.

FRIEDEBURG, L. v. (Hrsg.), Jugend in der modernen Gesellschaft, Köln — Berlin 1965.

— und F. WELTZ, Altersbild und Altersvorsorge der Arbeiter und Angestellten, Frankf. Beiträge zur Soziologie, SH 1, Frankfurt/M. 1958.

FRIEDRICHS, G. (Hrsg.), Automation — Risiko und Chance, Bd. I und II, Frankfurt/M. 1965.

—, Kann die Automation in den USA für die Bundesrepublik ein Beispiel sein? In: W. BUCKINGHAM, Automation und Gesellschaft, Frankfurt/M., 3. Aufl., S. 225—270, 1967.

FÜRSTENBERG, F., Das Aufstiegsproblem in der modernen Gesellschaft, Stuttgart 1962.

GARRETT, H. E., Statistics in psychology and education, Fifth Edition, New York, London, Toronto 1960.

GLASS, D. V., und R. KÖNIG (Hrsg.), Soziale Schichtung und soziale Mobilität. SH 5 der Kölner Z. f. Soz. u. Sozialpsych., 1961.

Handelskammer Niederösterreich, Die Frauenarbeit in Österreich, Die Wirtschaftszahl — Statistische Informationen der Handelskammer Niederösterreich, SH, 5. Jg. 1/1965.

HANHART, D., Arbeiter in der Freizeit, Bern und Stuttgart 1964.

HARTFIEL, G., Angestellte und Angestelltengewerkschaften in Deutschland, Berlin 1961.

—, L. SEDATIS und D. CLAESSENS, Beamte und Angestellte in der Verwaltungspyramide, Berlin 1964.

HAUSCHILDT-ARNDT, S., Berufsprobleme von Volks- und Betriebswirtinnen, Tübingen 1965.

HECKHAUSEN, H., Hoffnung und Furcht in der Leistungsmotivation, Meisenheim/Glan 1963.

HENNIG, G. C., Die Angestellten — eine qualitative Schicht, Zs. „Die Angestellten-Versicherung", *6*, S. 191—193, 1960.

HENZE, L., Die Gleichstellung von Arbeitern und Angestellten, Opladen 1961.

HEYDE, L., Angestellter. In: E. BECKERATH et al. (Hrsg.), Hdb. d. Sozialwissenschaften, 1. Bd., S. 198—202, Göttingen 1956.

HEYN, W., Stichprobenverfahren in der Marktforschung, Würzburg 1960.

HÖHN, E., Das berufliche Fortkommen von Frauen, RKW-Veröffentlichungen, Frankfurt/M. 1964.

HOFBAUER, H., Zur sozialen Gliederung der Arbeitnehmerschaft, Köln und Opladen 1965.

HOFSTÄTTER, P. R., und D. WENDT, Quantitative Methoden der Psychologie, München 1966.

HOMANS, G. C., Theorie der sozialen Gruppe, Köln und Opladen, 2. Aufl., 1965.

—, Elementarformen des sozialen Verhaltens, Köln und Opladen 1968.

HOOS, I. R., Automation im Büro, Frankfurt/M. 1966.

HYMAN, H. H., Survey design and analysis, New York, London 1955.

IFES — Institut f. empirische Sozialforschung, Einstellung zur Teilzeitbeschäftigung in Österreich, Wien 1967.

IFO — Institut für Wirtschaftsforschung, Soziale Auswirkungen des technischen Fortschritts, Berlin, München 1962.

Infratest, Die sozialen Auswirkungen der Automation aus der Sicht der Arbeitnehmer. In: Bayerisches Staatsministerium f. Arbeit u. soz. Fürsorge (Hrsg.), Soziale Probleme der Automation in Bayern, S. 901—924, München 1969.

Institut f. Demoskopie Allensbach (Hrsg.), Fragen an Jugendliche, Allensbach 1962.

Jaeggi, U., und H. Wiedemann, Der Angestellte im automatisierten Büro, Stuttgart, Berlin, Köln, Mainz, 2. Aufl., 1966 (a).

— —, Der Angestellte in der Industriegesellschaft, Stuttgart, Berlin, Köln, Mainz, 1966 (b).

Kammer für Arbeiter und Angestellte Linz (Hrsg.), Die Lebenshaltung von Arbeitern und Angestellten in Linz 1967, Statistik der Arbeiterkammer in Linz, Heft 32, Linz 1968.

Kammer für Arbeiter und Angestellte für Oberösterreich, Wie sieht der Angestellte die Automation? Linz, o. J.

Kammer für Arbeiter und Angestellte für Wien, Freizeitgestaltung der Arbeiter und Angestellten Wiens, Wien, o. J.

Kammer für Arbeiter und Angestellte für Wien, Wirtschaftsstatistisches Handbuch 1968, Wien 1968.

Kern, H., und M. Schumann, Industriearbeit und Arbeiterbewußtsein — Wirtschaftliche und soziale Aspekte des technischen Wandels in der Bundesrepublik Deutschland, 8. Bd., (Forschungsprojekt des RKW), Frankfurt/M. 1970.

Kleining, G., Über soziale Images. In: V. Glass und R. König (Hrsg.), Soziale Schichtung und soziale Mobilität, SH 5 der Kölner Z. f. Soz. u. Sozialpsych., S. 145—170, 1961.

Krebs, E., Die Frau in der heutigen Sozialordnung. In: Zeitschrift: „Die Republik" 3/1967.

Lakenbacher, E., Die österreichischen Angestelltengewerkschaften — Geschichte und Gegenwart, Wien 1967.

Laube, H., Frauen als Vorgesetzte, RKW Förderung der Frauenarbeit, Bad Harzburg 1964.

Lawrence, D. H., und L. Festinger, Deterrents and reinforcement — The psychology of insufficient reward, Tavistock, London 1962.

Lederer, E., Die Privatangestellten in der modernen Wirtschaftsentwicklung, Tübingen 1912.

Lehr, U., Die Frau im Beruf, Frankfurt/M. 1969.

Lepsius, M. R., Zum Wandel der Gesellschaftsbilder in der Gegenwart, Kölner Z. f. Soz. u. Sozialpsych., *XIV*, S. 449—458, 1962.

Linke, W., Die Stellung der Angestellten in der modernen Gesellschaft, Köln 1962.

Lutz, B., K. Düll, G. Kammerer und D. Kreuz, Rationalisierung und Mechanisierung im öffentlichen Dienst, München 1970.

McClelland, D. C., Die Leistungsgesellschaft, Stuttgart, Berlin, Köln, Mainz 1966.

MARMET, O., Soziales Lernen — Das Problem der Lerntheorien in der Sozialpsychologie, Zürich 1968.

MERTON, R. K., The self-fulfilling prophecy. In: R. K. MERTON, Social theory and social structure, rev. ed., S. 421—436, New York 1957.

MICHAELS, H., Wem gehören die Technokraten?, Zeitschrift „Die Zeit", Nr. 10, S. 28, 1971.

MILLS, W. C., Menschen im Büro, Ein Beitrag zur Soziologie der Angestellten, Köln — Deutz 1955.

MOORE, H., und G. KLEINING, Das Bild der sozialen Wirklichkeit, Kölner Z. f. Soz. u. Sozialpsych., *XI*, S. 353—376, 1959.

— —, Das soziale Selbstbild der Gesellschaftsschichten in Deutschland, Kölner Z. f. Soz. u. Sozialpsych., *XII*, S. 86—119, 1960.

MÖRSDORF, J., Frauenarbeit und Frauenberufe. In: Handelskammer Niederösterreich (Hrsg.), Die Frauenarbeit in Österreich, SH 1/1965,

MÜLLER, K. V., Die Angestellten in der hochindustrialisierten Gesellschaft, Köln und Opladen 1957.

NEUBAUER, W. F., Selbsteinschätzung und Idealeinschätzung junger Arbeiter als Gegenstand sozialpsychologischer Verhaltensforschung, Dissertation, Nürnberg 1967.

—, Studie zur Messung der individuellen Einstellung gegenüber dem Vorgesetzten in der Industrie, Psychol. Rundschau, Bd. XXII/1, S. 1—16, 1971.

NEULOH, O., Die weiße Automation — Die Zukunft der Angestelltenschaft, Köln 1966.

NEUNDÖRFER, L., Die Angestellten — Neuer Versuch einer Standortbestimmung, Stuttgart 1961.

NEWCOMB, T. M., Sozialpsychologie, Meisenheim/Glan 1959.

NOELLE, E., und E. P. NEUMANN (Hrsg.), Jahrbuch der öffentlichen Meinung 1958—1964, Allensbach und Bonn 1965.

Österr. Arbeiterkammerbund (Hrsg.), The Chambers of Labour in Austria, Wien 1967.

PIRKER, TH., Büro und Maschine, Basel — Tübingen 1962.

POTTHOFF, H., Privatbeamte. In: Handwörterbuch der Staatswissenschaften, 3. Aufl., 6. Bd., S. 1208 ff., Jena 1910.

PROSS, H., und K. W. BOETTICHER, Untersuchung über die leitenden Angestellten in Großunternehmen, München 1971.

RHEE, H. A., Office automation in social perspective, Oxford 1968.

RIESMAN, D., Die einsame Masse, Reinbek bei Hamburg 1957.

RKW, Wirtschaftl. und soziale Aspekte des techn. Wandels in der Bundesrepublik Deutschland, Bd. 1: Sieben Berichte (Kurzfassung der Ergebnisse), Frankfurt/M. 1970.

ROSENMAYR, L., Soziale Schichtung, Bildungsweg und Bildungsziel im Jugendalter. In: V. GLASS und R. KÖNIG (Hrsg.), Soziale Schichtung und soziale Mobilität, SH 5 der Kölner Z. f. Soz. u. Sozialpsych., S. 268—283, 1961.

—, Die junge Frau in der Industriegesellschaft, Wien 1969 (a).

—, Die junge Frau und ihre berufliche Zukunft, Wien 1969 (b).

ROTH, E., Einstellungen als Determination individuellen Verhaltens, Göttingen 1967.

SAGEDER, J., Sozialpsychologische Determinanten des Verhältnisses junger Angestellter zu beruflichen Interessenvertretungen, unveröffentlichte Diplomarbeit, Linz 1971.

SCHARMANN, D. L., Die Situation der berufstätigen Frau in der industriellen Gesellschaft, Zbl. Arbeitswiss., *16*, S. 113—116, 1962.

—, Probleme der personalen Selbstentfaltung in der industriellen Arbeitswelt. In: TH. SCHARMANN (Hrsg.), Schule und Beruf als Sozialisationsfaktoren, Stuttgart 1966.

—, Lebenserwartungen junger Menschen — Illusion und Wirklichkeit. In: L. PROHASKA und F. HAIDER (Hrsg.), Jugendgemäße Lebenskunde in der Entscheidung, S. 29—44, Wien 1970.

SCHARMANN, TH., Psychologische Beiträge zu einer Theorie der sozial-individualen Integration. In: G. WURZBACHER (Hrsg.), Der Mensch als soziales und personales Wesen, Stuttgart 1963.

—, Jugend in Arbeit und Beruf, München, 2. Auflage, 1966 (a).

—, Beiträge zur Theorie und Empirie der sozial-individualen Integration. In: TH. SCHARMANN (Hrsg.), Schule und Beruf als Sozialisationsfaktoren, Stuttgart 1966 (b).

—, Zur Systematik des „Gruppen“-Begriffes in der neueren deutschen Psychologie und Soziologie. In: TH. SCHARMANN, Persönlichkeit und Gesellschaft, S. 20—52, Göttingen 1966 (c).

—, Rolle, Person, Persönlichkeit. In: TH. SCHARMANN, Persönlichkeit und Gesellschaft, S. 63—81, Göttingen 1966 (d).

—, Lebensplanung und Lebensgestaltung junger Arbeiter, Bern und Stuttgart 1967.

—, Industriebürger, unveröffentlichtes Manuskript, Linz 1970.

SCHELSKY, H., Die skeptische Generation, Düsseldorf 1957.

—, Auf der Suche nach der Wirklichkeit — Gesammelte Aufsätze, Düsseldorf — Köln 1965.

SCHEUCH, E. K., Das Interview in der Sozialforschung. In: R. KÖNIG (Hrsg.), Hdb. d. empirischen Sozialforschung, 1. Bd., Stuttgart, 2. Aufl., S. 136—196 und 707—715, 1967 (a).

—, Auswahlverfahren in der Sozialforschung. In: R. KÖNIG (Hrsg.), Hdb. d. empirischen Sozialforschung, 1. Bd., Stuttgart, 2. Aufl., S. 309—347 und S. 728—734, 1967 (b).

— und H. J. Daheim, Sozialprestige und soziale Schichtung. In: V. Glass und R. König (Hrsg.), Soziale Schichtung und soziale Mobilität, SH 5 der Kölner Z. f. Soz. u. Sozialpsych., S. 65—103, 1961.

Scheuringer, B., Untersuchungen der Arbeitsmobilität der Frauen in Österreich. In: Arbeitsmarktpolitik, Heft II, S. 42—104, Linz 1969.

Schmidtchen, G., Die repräsentative Quotenauswahl, Bericht über ein Quota-Random-Experiment des Institutes für Demoskopie Allensbach, Allensbach 1961.

Schneider, L., und S. Lysgaard, The deferred gratification pattern — A preliminary study, Am. sociol. Rev., *18*, S. 142—149, 1953.

Sommerkorn, I. N., Studien- und Berufsaussichten von Abiturientinnen, Neue Sammlung, 9. Jg., Heft 1, 1969.

Specht, K. G., Aufstiegserwartungen in der deutschen Wirtschaft, unveröffentlichter Forschungsbericht, 1966.

—, Angestellte und Automation, DAG-Hefte für Wirtschafts-, Sozial- und Kulturpolitik, Heft 1, 1967.

Stendenbach, F. J., Soziale Interaktion und Lernprozesse, Köln — Berlin, 2. Aufl., 1967.

Stiefbold, R., A. Leupold-Löwenthal, G. Ress, W. Lichem und D. Marvick, Wahlen und Parteien in Österreich, Bd. II, Teil B, Wien 1966.

Strotzka, H., Zur psychosozialen Lage der berufstätigen Frau. In: L. Rosenmayr und S. Höllinger, Soziologie — Forschung in Österreich, S. 544 f., Wien — Köln — Graz 1969.

Vögeli, F., Die Arbeitszufriedenheit von Konstrukteuren. Eine empirische Untersuchung, Winterthur 1966.

Vontobel, J., Leistungsbedürfnis und soziale Umwelt, Bern — Stuttgart, Wien 1970.

Wagner, R., O. Körner und H. Neubert, Die Frau im Berufsleben, Stuttgart 1966.

Weltz, F., Arbeit im Bürogroßraum, Frankfurt/M. 1966.

Wössner, J., und R. Wenzel, Bildungssparen — Soziologische Aspekte einer Innovation im Bildungsbereich, Institut für Sparkassenwesen in Linz, Linz 1971.

Wurzbacher, G., Sozialisation — Enkulturation — Personalisation. In: G. Wurzbacher (Hrsg.), Der Mensch als soziales und personales Wesen, S. 1—34, Stuttgart 1963.

Zander, E., Personalprobleme bei Rationalisierung und Automation, Neuwied und Berlin 1967.

Anhang I

Tabellenanhang

Tabelle A 1: Gewünschte eigene Ausbildung
(Mehrfachnennungen möglich)
("Unzufriedene": N = 207)

(nur wichtigste Ausbildungswünsche)	f	%
1. Berufsbildende höhere Schule	70	33,8
2. Fachschule, Handelsschule	47	22,7
3. Mehr Wissen, mehr Leistung	40	19,3
4. Hochschule	33	15,9
5. Matura	25	12,1

Tabelle A 2: Hauptdeterminanten der Berufswahl
(Spontannennungen!
Mehrfachnennungen möglich)
(N = 496)

	f	%
1. Eigenes Interesse, Eigeninitiative	220	44,4
2. Bedingt durch Ausbildung bzw. Schulbildung	101	20,4
3. Wunsch der Eltern	71	14,3
4. Stellenangebot, Beratung durch Firma	65	13,1
5. Zufall	64	12,9
6. Innerbetrieblicher Aufstieg	58	11,7
7. Arbeitsamt, Berufsberatung	57	11,5
8. Verwandte, Bekannte	46	9,3
9. Früherer Beruf befriedigte nicht	37	7,5
10. Keine andere Möglichkeit, Notlösung	27	5,4
11. Freunde, Kollegen	26	5,2
(Rest unbedeutend)		

Tabelle A 3: Positive Tätigkeitsmerkmale
(Mehrfachnennungen möglich)
(N = 496)

	f	%
1. Abwechslungsreich, vielseitig	250	50,4
2. Kontaktmöglichkeit, man kommt mit Menschen zusammen	154	31,0
3. Selbständigkeit, Freiheit	142	28,6
4. Tätigkeit an sich (wird konkret genannt)	111	22,4
5. Interessante Tätigkeit (allgemein)	95	19,2
6. Verantwortung	73	14,7
7. Betriebsklima, Kollegialität	71	14,3
8. Organisieren, Gestalten, Planen	37	7,5
(Sonstige unter 5% !)		

Tabelle A 4: Negative Tätigkeitsmerkmale
(Mehrfachnennungen möglich)
(N = 496)

	f	%
1. Eintönigkeit der Arbeit, Routine	159	32,1
2. Organisatorische Probleme im Betrieb, Bürokratismus, Papierflut, Verwaltungsapparat stört	59	11,9
3. Zu viel Arbeit	53	10,7
4. Schlechte Bezahlung, kollektivvertragliche Benachteiligung	44	8,9
5. Arbeitszeitregelung	43	8,7
6. Zu wenig Entscheidungsmöglichkeit	35	7,1
7. Zeitdruck, Terminarbeiten	29	5,8
8. Lästige Kunden	25	5,0

Tabelle A 5: Gründe für Wechsel
(Mehrfachnennungen möglich)
(N = 496)

	f	%
1. Finanzielle Verbesserung	271	54,6
2. Erweiterung der beruflichen Erfahrung, Kenntnisse, Dazulernen	244	49,2
3. Interessantere, abwechslungsreichere Arbeit	110	22,2
4. Schlechtes Betriebsklima	108	21,8
5. Bessere Aufstiegsbedingungen	64	12,9
6. Befriedigendere Arbeit, größere Selbständigkeit, Verantwortung	55	11,1
7. Günstigere Arbeitsbedingungen (Arbeitszeit, Freizeit)	42	8,5
8. Kontakt mit mehr Menschen	38	7,7
9. Kürzerer Arbeitsweg, familiäre Gründe	25	5,0
10. Besseres gesellschaftliches Ansehen	16	3,2
11. Wechsel hat nur Nachteile, nur wenn notwendig	13	2,6

Tabelle A 6: Gründe gegen Wechsel
(Mehrfachnennungen möglich)
(N = 496)

	f	%
1. Anpassungsschwierigkeiten, Verlust der gewohnten zwischenmenschlichen Beziehungen	189	38,1
2. Nichtwechsel bringt dienstzeitbedingte Vorteile	112	22,6
3. Zufriedenheit mit den gegenwärtigen Bedingungen	103	20,8
4. Verlust finanzieller Vorteile	75	15,1
5. Spezialisierung nur durch längere Tätigkeit möglich	70	14,1
6. Größere Aufstiegschancen durch längeren Verbleib in der Firma	52	10,5
7. Geringere wirtschaftliche Sicherheit	37	7,5
8. Verlust bereits erworbenen Einflusses	37	7,5
9. Schlechter Eindruck durch oftmaligen Wechsel	33	6,7
10. Bindung an den Wohnort	30	6,0
11. Gewohnheit, Erziehung, Bequemlichkeit	27	5,4
12. Wenn sich keine Verbesserungen ergeben	22	4,4
13. Rücksichtnahme auf die Familie	16	3,2
14. Betriebswohnung (betriebliche Begünstigungen)	5	1,0

Tabelle A 7: "Dinge" von Wichtigkeit für den Angestellten
(Mehrfachnennungen möglich)
(N = 496)

	f	%
1. Gute Möglichkeiten zum Vorwärtskommen	301	60,7
2. Befriedigende Arbeit	195	39,3
3. Angenehme Vorgesetzte	157	31,7
4. Gute Sozialeinrichtungen der Firma	143	28,8
5. Gerechte Behandlung	137	27,6
6. Ansehen der eigenen Arbeit	104	21,0
7. Sicherheit für das Alter	96	19,4
8. Keine Sorgen vor Arbeitslosigkeit	89	17,9
9. Angenehme Kollegen	74	14,9
10. Viel Geld nach Hause bringen	73	14,7
11. Wissen, was in der Firma vor sich geht	55	11,1
12. Angesehene Firma	37	7,5
13. Viel Freiheit	26	5,2
14. Fähiger Betriebsrat	20	4,0
15. Nicht zuviel Tempo bei der Arbeit	4	0,8

Tabelle A 8: Faktoren für den Lebenserfolg
(Mehrfachnennungen möglich)
(N = 496)

	f	%
1. Tüchtigkeit, Fleiß, Ehrgeiz	287	57,9
2. Talent, Können, Ausbildung	278	56,0
3. Mensch selbst	100	20,2
4. Eigeninitiative	91	18,3
5. Politisches Engagement	88	17,7
6. Positive Einstellung zum Beruf	82	16,5
7. Lebensweise, Verhältnis zur Umwelt	47	9,5
8. Glück, Zufall	43	8,7
9. Betrieb, Vorgesetzter	38	7,7
10. Wirtschaftliche Lage	11	2,2
11. Private Verhältnisse	9	1,8
12. Nationalität	4	0,8
13. Keine Antwort, weiß nicht	1	0,2

Tabelle A 9: Faktoren des persönlichen Vorwärtskommens (LISTE 4) (Mehrfachnennungen möglich)

Faktoren	Geschlecht männlich (N=282) f	%	weiblich (N=214) f	%	Gesamt (N=496) f	%
1. Berufliche Fähigkeiten, Ausbildung	258	91,5	182	85,0	441	88,9
2. Verantwortungsbewußtsein	111	39,4	107	50,0	218	44,0
3. Fähigkeit Menschen zu führen	113	40,1	75	35,0	188	37,9
4. Anpassungsfähigkeit	69	24,5	82	38,3	151	30,4
5. Gute Beziehungen	67	23,8	41	19,2	108	21,8
6. Organisationstalent	75	26,6	33	15,4	108	21,8
7. Anzahl der Jahre	36	12,8	39	18,2	75	15,1
8. Lebensalter	30	10,6	25	11,7	55	11,1
9. Vorgesetzte	33	11,7	10	4,7	43	8,7
10. Ellbogentechnik	25	8,9	17	7,9	42	8,5
11. Parteibuch	21	7,4	15	7,0	36	7,3
12. Wichtigtuerei	6	2,1	2	1,0	8	1,6

Tabelle A 10: Identifikation mit der Firma (LISTE 6) (N = 496)

Identifikationsgrad	f	%
1. Das Wichtigste ist, daß die Firma gut bezahlt - ganz gleich, ob man sich dafür anstrengen muß oder nicht	2	0,4
2. Man muß sich bemühen, die Arbeitsanforderungen zu erfüllen, damit man keine persönlichen Nachteile hat und die Vorgesetzten zufrieden sind	76	15,3
3. Wenn sich alle in der regulären Arbeitszeit voll einsetzen, dann sind keine Überstunden nötig	61	12,3
4. Wenn wichtige Termine eingehalten werden müssen, kann es auch einmal erforderlich sein, daß man über die normale Arbeitszeit hinaus im Betrieb bleibt, wenn dafür bezahlt wird	284	57,3
5. Wenn es das Interesse der Firma erfordert, arbeitet man auch einmal am Wochenende oder am Feiertag daheim, ohne daß man dies als etwas Besonderes empfindet und extra berechnet	64	12,9
6. Das Wichtigste im Leben ist für mich meine Arbeit in der Firma, alles andere ist zweitrangig	9	1,8
	496	100,0

Tabelle A 11: Absicht der beruflichen Weiterbildung nach Geschlecht und Berufsniveau (N = 496)

a) nach Geschlecht:

berufliche Weiterbildungsabsicht	Geschlecht männlich f	%	weiblich f	%	Gesamt f	%
Ja	260	92,2	121	56,5	381	76,8
Nein	22	7,8	93	43,5	115	23,2
	282	100,0	214	100,0	496	100,0

$r_{phi} = 0{,}42$; $p < 0{,}01$;

b) nach Berufsniveau:
(N = 496)

berufliche Weiterbildungsabsicht	Berufsniveau 1 f	%	2 f	%	3 f	%	4 f	%
Ja	25	58,1	259	74,2	52	92,9	45	93,7
Nein	18	41,9	90	25,8	4	7,1	3	6,3
	43	100,0	349	100,0	56	100,0	48	100,0

$Chi^2 = 25{,}57$; FG = 3; $p < 0{,}01$;

Tabelle A 12: Parteipräferenz, politisches Engagement und Geschlecht (absolute Häufigkeiten, ohne Sonstige und Parteilose) (N = 347)

Partei	politisches Engagement						Gesamt
	nicht eintreten		eintreten		Mitglied		
	männlich	weiblich	männlich	weiblich	männlich	weiblich	
ÖVP	40	15	14	6	22	9	106
SPÖ	35	44	19	29	71	27	225
FPÖ	9	3	1	1	1	1	16
Summe der Spalten	84	62	34	36	94	37	347
Summe der Untergruppen	146		70		131		

Tabelle A 13: Beitrittsgründe für Gewerkschaft
Spontannennungen
(Nur Mitglieder; N = 319)

	f/einzel	f	%
1. Notwendigkeit einer Interessenvertretung:			
Überzeugung	85		
Solidarität	34		
Unterstützung des Betriebsrates	2	121	37,9
2. Sozialer Zwang:			
In Firma üblich, Pflicht	93		
wurde überredet	10		
Tradition	9	112	35,1
3. Persönliche Vorteile:			
Persönliche Vorteile	71		
Information, Beratung, Auskünfte	13	84	26,3
4. Sonstige		2	0,6
		319	99,9

Tabelle A 14: Art der Umstellung durch EDV-Anlage (N = 63)

	f	%
1. Tätigkeit wurde einfacher	27	42,9
2. Starke Umstellung, Berufswechsel	11	17,5
3. Spezialisierung, teilweise schwieriger	9	14,3
4. EDV - Schulung, Ausbildung auf EDV	7	11,1
5. Mehr Arbeit als vorher	5	7,9
6. Sicherheit und Genauigkeit der Arbeit größer	2	3,2
7. Keine genaue Angabe	2	3,2
	63	100,1

Tabelle A 15: Änderung für ältere Angestellte durch EDV (ohne 93 mit "prinzipiell keine Änderung!") (Mehrfachnennungen möglich) (N = 403)

Rangreihe nach Schwierigkeitsgrad	f	%
1. Keine spezielle Änderung, kommt auf den Einzelnen an	80	19,9
2. Umstellung, müssen sich umstellen	117	29,0
3. Verbleib bei langer Betriebszugehörigkeit, jedoch minderqualifiziert	55	13,6
4. Umstellung schwierig	139	34,5
5. Bedrohliche Entwicklung, Angst vor der Zukunft, Umstellung nicht möglich	44	10,9
6. Werden von jüngeren verdrängt	21	5,2
7. Entlassung, Frühpension, Arbeitslosigkeit	45	11,2

Tabelle A 16: Änderung für jüngere Angestellte durch EDV
(ohne 93 mit "keine Änderung")
(N = 403)

Rangreihe nach Schwierigkeitsgrad	f	%
1. Keine spezielle Änderung für jüngere Angestellte	12	3,0
2. Leichtere Umstellung als ältere, Anpassung	162	40,2
3. Qualifiziertere Ausbildung	42	10,4
4. Größere Berufs- und Aufstiegschancen	39	9,7
5. Arbeitserleichterung gegenüber früher	9	2,2
6. Allgemein positiv	13	3,2
7. Müssen sich umstellen, umlernen	100	24,8
8. Umstellung schwierig	3	0,7
9. Berufswechsel für gewissen Teil	16	4,0
10. Zukunftsbefürchtungen bezüglich Arbeitsplatz	2	0,5
11. Keine Angabe	5	1,2
	403	99,9

Tabelle A 17: Beeinflussung der persönlichen Aufstiegschancen durch EDV (N = 496)

	f	%
1. Bessere Aufstiegschancen, mehr Gehalt	53	10,7
2. Aufstiegschancen von qualifizierter Ausbildung abhängig	22	4,4
3. Wirkt sich kaum aus, indirekte Auswirkungen	12	2,4
4. Aufstiegschancen nicht beeinflußt	398	80,2
5. Schlechtere Aufstiegschancen	11	2,2
	496	99,9

Tabelle A 18: Zusatzleistungen der Firma
(Mehrfachnennungen möglich)
(Nur bei Zusatzleistung: N = 210)

	Gewichteter Mittelwert in ö.S.	f	%
1. Prämien, Bilanzgeld etc.	418	101	48,1
2. Energie (Kohle, Strom etc.)	160	56	26,7
3. Waren, Konsumgüter	166	55	26,2
4. Wohnung	424	23	11,0
5. Fahrgeld	278	20	9,5
6. Sozialleistungen	280	13	6,2
7. Zuschüsse zu Krankenkasse etc.	59	13	6,2
8. Außergewohnliche Anlässe (einmalig)	1300	7	3,3
9. Kinderbeihilfe der Firma	283	6	2,9
10. Theaterbesuch etc.	50	2	1,0

Tabelle A 19: Sparzweck und durchschnittliche Höhe der monatlichen Sparrate (Mehrfachnennungen möglich) (Nur Sparer: N = 434)

Zweck	Gewichteter Mittelwert in ö.S.	f	%
1. Wohnungseinrichtung	1111	194	44,7
2. Allgemeiner Zweck	696	171	39,4
3. Bausparen	628	100	23,0
4. Auto	783	70	16,1
5. Hausbau	1408	59	13,6
6. Urlaub	393	28	6,5
7. Reserve zur Sicherheit	509	23	5,3
8. Vermögensbildung	764	22	5,1
9. Freizeitgestaltung	517	12	2,8
10. Grundstück	791	11	2,5
11. Kleidung	560	10	2,3
12. Ausbildung der Kinder	811	9	2,1
13. Darlehensrückzahlung	2000	2	0,5

Tabelle A 20: Freizeitbeschäftigungen
(Mehrfachnennungen möglich)
(N = 496)

	f	%
1. Sportliche Betätigung	398	80,2
2. Lesen, Schreiben	189	38,1
3. Familie, Haushalt widmen	82	16,5
4. Hobbies	80	16,1
5. Theater, Kino, Fernsehen	70	14,1
6. Reisen	57	11,5
7. Handarbeiten, Stricken, Nähen	55	11,1
8. Schlafen, Ausruhen	48	9,7
9. Tanzen, Unterhaltung	47	9,5
10. Musik, Musizieren	41	8,3
11. Weiterbildung, Vorträge, Schulung	35	7,1
12. Hausarbeiten, Gartenarbeiten	13	2,6
13. Hausbauen	7	1,4

Tabelle A 21: Interessierende Zeitungsartikel
(Mehrfachnennungen möglich)
(N = 496)

	f	%
1. Politik, Weltnachrichten, Zeitgeschehen	322	65,1
2. Sport	320	64,4
3. Lokalnachrichten	161	32,5
4. Verbrechen, Morde, Unfälle	86	17,4
5. Wirtschaft	70	14,1
6. Feuilleton, Unterhaltung	45	9,1
7. Anzeigen	45	9,1
8. Witze, Rätsel, Horoskop, Spiele	32	6,5
9. Kritiken	24	4,8
10. TV-Programm, Filme	17	3,4
11. Mode, Kochrezepte	13	2,6

Tabelle A 22: Besonders interessante Radiosendungen (Mehrfachnennungen möglich) (N = 496)

	f	%
1. Schlager, Tanzmusik, Jazz, Ö3	365	73,7
2. Nachrichten, Morgen-, Mittags-, Abendjournal, Information	185	37,4
3. Sport	83	16,8
4. Opern, Konzerte	54	10,9
5. Operetten, Volksmusik	52	10,5
6. Hörspiele, Romane, Theater	49	9,9
7. Politische, zeitkritische Sendungen, Wissenschaft	42	8,5
8. Autofahrer unterwegs	40	8,1

Tabelle A 23: Besonders interessante Fernsehsendungen (Mehrfachnennungen möglich) (Nur "Fernseher": N = 469)

	f	%
1. Zeit im Bild, Nachrichten	256	54,6
2. Sport	193	41,2
3. Politische Sendungen, Monitor, Horizonte, Im Scheinwerfer, Diskussionen	175	37,3
4. Unterhaltung, Show, Kabarett, Quiz	158	33,7
5. Kriminalfilme, Aktenzeichen XY	147	31,3
6. Oper, Operette, Theaterstücke	112	23,9
7. Spielfilme, Wildwestfilme	111	23,7
8. Kulturelle Sendungen, Reiseberichte, Bildungsreihen	95	20,3

Tabelle A 24: Kulturelle Interessen und Häufigkeit des Besuches (N = 496)

	a)Theater f	a)Theater %	b)Konzert f	b)Konzert %	c)Museen, Ausstellungen f	c)Museen, Ausstellungen %
Häufig	32	6,5	12	2,4	20	4,0
Manchmal	117	23,6	39	7,9	108	21,8
Gelegentlich	240	48,4	141	28,4	242	48,8
Nie	106	21,3	303	61,1	125	25,3
Keine Angabe	1	0,2	1	0,2	1	0,2
	496	100,0	496	100,0	496	100,1

Tabelle A 25: Begründung der Geschlechtspräferenzen bei Vorgesetzten und Geschlecht (Mehrfachnennungen möglich)

a) Lieber Mann:

Mann ist:	Geschlecht männlich (N=282) f	%	weiblich (N=214) f	%
1. Verständnisvoller	99	35,1	25	11,7
2. Objektiv, korrekt, gerechter, keine Launen	42	14,9	63	29,4
3. Bessere Zusammenarbeit mit Mann	71	25,2	33	15,4
4. Größere Autorität	57	20,2	36	16,8
5. Frau gefühlsbetont, launenhaft	33	11,7	32	15,0
6. Mann als Vorgesetzten gewohnt	47	16,7	11	5,1
7. Frau aggressiver, eher Spannungen, Streit	7	2,5	30	14,0
8. Ehrlicher, direkter, weniger intrigant	19	6,7	16	7,5
9. Frau auf diesem Fachgebiet undenkbar	29	10,3	3	1,4
10. Frau erfordert größere Rücksichtnahme	18	6,4	1	0,5
11. Großzügiger, toleranter, läßt sich leichter herumkriegen	2	0,7	16	7,5
12. Frau schlechte Vorgesetzte	8	2,8	10	4,7

Tabelle A 25: Begründung der Geschlechtspräferenzen bei Vorgesetzten und Geschlecht (Mehrfachnennungen möglich)

b) Lieber Frau:

	Geschlecht			
	männlich (N=282)		weiblich (N=214)	
	f	%	f	%
1. Bessere Zusammenarbeit, bessere Aussprache mit Frau	3	0,1	24	11,2
2. Gleichgültig, abhängig von der Person	16	5,7	6	2,8

Anhang II

Fragebogen

INSTITUT FÜR PSYCHOLOGIE
der Hochschule für Sozial-
und Wirtschaftswissenschaften Linz
Vorstand: Prof. Dr. Th. Scharmann

Nr. ....

Alter: .... Firma: ....

Geschlecht: ....

Beginn des Interviews: .... Ort: ....
Ende des Interviews: ....
Zeitdauer: ....

Datum: .... Interviewer:
(Name in DRUCKSCHRIFT!)

....

EINLEITUNGSGESPRÄCH

(Interviewer stellt sich vor und dankt für die Bereitschaft zum Gespräch)
Das Institut für Psychologie der Hochschule (für Sozial- und Wirtschaftswissenschaften) Linz führt eine größere Untersuchung über junge Angestellte in Oberösterreich durch. Zu diesem Zweck werden 500 Personen in Oberösterreich befragt. Daß Sie für dieses Gespräch ausgewählt wurden, ist rein zufällig.

Es kommt bei diesem Gespräch besonders auf Ihre persönliche Meinung und auf Ihre persönlichen Erfahrungen an. Da die Ergebnisse nur statistisch ausgewertet werden, können Sie sich also ganz frei äußern (Anonymität zusichern!)

Die Befragung wird ungefähr eine gute Stunde dauern.

1. a) Schildern Sie mir bitte zunächst kurz die Hauptaufgaben Ihrer beruflichen Tätigkeit! (höchstens 3 Zeilen!)

....

....

....

b) Wie heißt die genaue Berufs- oder Tätigkeitsbezeichnung dafür?

....

2. (Interviewer übergibt <u>THERMOMETER</u> mit folgenden Worten:)
Hier sehen Sie ein Thermometer, das von 0 bis 100 geht; Null bedeutet, daß die Tätigkeit uninteressant und nicht abwechslungsreich ist; 100 bedeutet, daß die Tätigkeit ungeheuer abwechslungsreich und interessant ist.
Wie würden Sie <u>Ihre</u> Tätigkeit einschätzen? ....

3. a) Würden Sie sagen, daß diese Tätigkeit Ihren fachlichen und beruflichen Erfahrungen entspricht? Ja ......
Nein ......

b) (Zeigt auf das Thermometer) Wenn 100 bedeutet, daß die Tätigkeit zu 100% Ihren fachlichen und beruflichen Erfahrungen entspricht:
Wie würden Sie dann Ihre Tätigkeit einschätzen? ....

4. a) Wie kamen Sie eigentlich zu Ihrem jetzigen Beruf? Haben Sie sich da mit jemandem besprochen? (genaue Schilderung!)

....

....

....

....

b) (<u>LISTE 1</u> übergeben!)
Wer hat Sie bei Ihrer Berufswahl maßgeblich beeinflußt?
Bitte geben Sie nur den Buchstaben an!

1. .... 2. .... 3. ....

5. Schildern Sie mir bitte nun genau Ihren Ausbildungsgang:
   a) Welche Schule haben Sie besucht? Wie ging es dann weiter? (hier nur Schulbildung!)

Schule	Jahre	mit Abschluß	ohne Abschluß	welcher Abschluß
Volksschule	...	......	......	....
....	...	......	......	....
....	...	......	......	....
....	...	......	......	....
....	...	......	......	....
....	...	......	......	....

   b) Wie ging dann Ihre berufliche Ausbildung weiter? (möglichst genau: auch Militär!! und längere Krankheiten!)

Nr.	Firma	Tätigkeit	Zeit in Jahren, Monaten
....	....	....	....
....	....	....	....
....	....	....	....
....	....	....	....
....	....	....	....

<u>Platz für weitere Bemerkungen</u> (ev. Dienstprüfungen etc.)

....

6. Wie lange haben Sie ungefähr gebraucht, um sich in Ihre jetzige Arbeitsaufgabe einzuarbeiten? (Zeitangaben!)

.... Wochen

.... Monate

7. a) Auf welchem Standpunkt stehen Sie:
   Soll man <u>normalerweise</u> seine Arbeitsstelle wechseln oder soll man möglichst an einer Stelle bleiben?

   wechseln ..... (weiter bei b)
   bleiben ..... (weiter bei c)

   b) <u>wenn "wechseln"</u>:
   (Interviewer übergibt <u>LISTE 2</u>) Welchen Wechsel meinen Sie?

....

c) an alle:
Was spricht für einen Wechsel? (mehrere Gründe erheben!)

....

....

....

d) Was spricht gegen einen Wechsel? (mehrere Gründe erheben!)

....

....

....

8. a) Wenn Sie beruflich noch einmal von vorne anfangen könnten:
Würden Sie nochmal den jetzigen Beruf ergreifen?
Ja ..... (weiter bei c)
Nein ..... (weiter bei b)

b) wenn nein:
1. Welchen Beruf würden Sie ergreifen?

....

2. Aus welchen Gründen?

....

c) an alle:
Wollten Sie schon immer diesen Beruf ergreifen oder wollten Sie eigentlich etwas anderes werden?
diesen Beruf ..... (weiter bei 9a)
anderen Beruf ..... (weiter bei 1.)
1. Welchen Beruf wollten Sie eigentlich ergreifen?

....

2. Aus welchen Gründen haben Sie doch einen anderen Beruf ergriffen?

....

....

9. a) Würden Sie auch wieder die gleiche Ausbildung für den jetzigen Beruf wählen?
Ja .....
Nein .....

b) Wenn nein:
Was würden Sie anders machen?

....

....

....

10. Was gefällt Ihnen an Ihrer jetzigen Tätigkeit besonders? (Mehrere Punkte erheben!)

1. ....

2. ....

3. ....

11. Was gefällt Ihnen an Ihrer jetzigen Tätigkeit weniger gut? (Mehrere Punkte erheben!)

1. ....

2. ....

3. ....

12. Es gibt Dinge, die für einen Angestellten in der Firma von großer Bedeutung sein können.

a) Welche sind das Ihrer Meinung?

....

b) Sie haben hier eine Liste (Interviewer übergibt LISTE 3). Bitte lesen Sie diese Liste ganz durch und geben Sie nur die drei wichtigsten Dinge an! (Nur Buchstabe notieren!)

1. .... 2. .... 3. ....

13. Wenn Sie nun an Ihre persönlichen Zukunftsmöglichkeiten ganz allgemein denken:

a) Welche Position glauben Sie mit 40 Jahren erreicht zu haben?

....

b) Wieviel, bezogen auf heutige Verhältnisse, glauben Sie, werden Sie dann im Monat (Brutto) verdienen?

.... S pro Monat

c) Auf welche Weise können Sie das verwirklichen?

....

d) Können Sie die angestrebte Position in Ihrer jetzigen Firma erreichen?

Ja .....

Nein .....

14. Nur an Männer:

a) Welche Position hätte an Ihrer Stelle eine Frau mit 40 Jahren?

....

b) Wieviel, bezogen auf die heutigen Verhältnisse, würde sie dann im Monat verdienen (Brutto)?

.... S pro Monat

c) (Wenn Abweichungen zum eigenen Positionswunsch:) Aus welchem Grund ergibt sich ein Unterschied?

....

(weiter bei 16!)

15. Nur an Frauen:

a) Welche Position hätte an Ihrer Stelle ein Mann mit 40 Jahren?

....

b) Wieviel, bezogen auf die heutigen Verhältnisse, würde er dann im Monat verdienen (Brutto)?

.... S pro Monat

c) (Wenn Abweichungen zum eigenen Positionswunsch:) Aus welchem Grund ergibt sich ein Unterschied?

....

16. An alle:

a) Wie ist das: Glauben Sie, hat sich das gesellschaftliche Ansehen der Angestellten in den letzten Jahrzehnten ähnlich stark verändert wie bei den Arbeitern?

Ja ..... (weiter bei b)
Nein ..... (weiter bei c)

b) wenn ja:

Was hat sich geändert?

....

(weiter bei c)

c) An alle:
Worauf führen Sie das zurück?

....

17. Man hört manchmal, daß junge Leute lieber die Beamtenlaufbahn ergreifen wollen.
a) Welche Gründe gibt es Ihrer Meinung nach dafür?

....

b) Aus welchem Grund haben Sie die Beamtenlaufbahn nicht ergriffen?

....

....

18. Es wird heute immer so viel vom beruflichen Erfolg gesprochen.
a) Wovon hängt es Ihrer Ansicht nach ab, wieweit es einer bei uns beruflich in seinem Leben bringt?

....

b) Von welchen Faktoren hängt im Berufsleben Ihrer Meinung nach im allgemeinen das persönliche Vorwärtskommen ab?
(Interviewer übergibt LISTE 4!)
Bitte geben Sie nur die drei wichtigsten an!
1. .... 2. .... 3. ....

19. Hier haben wir eine Liste mit verschiedenen Behauptungen.
(Interviewer übergibt LISTE 5!)
Bitte lesen Sie diese Liste ganz durch und sagen Sie mir dann, welche Behauptung Ihrer Ansicht nach richtig ist; bitte geben Sie nur eine an.
....

20. Haben Sie die Absicht, sich in Ihrem Beruf weiterzubilden?

Ja .....
Nein .....

21. a) Kennen Sie irgendwelche Möglichkeiten der beruflichen Weiterbildung?

Ja ..... (weiter bei b)
Nein ..... (weiter bei 22)

b) <u>Wenn ja</u>:
Welche sind das?
(Nach Möglichkeit <u>mehrere</u> angeben lassen!)

1. ....
2. ....
3. ....

c) Haben Sie von solchen Möglichkeiten schon Gebrauch gemacht?
Ja ..... (weiter bei d)
Nein ..... (weiter bei e)

d) Von welchen Möglichkeiten haben Sie schon Gebrauch gemacht?

Nr.	Kurs etc.	Veranstalter	Wo?
.....	....	....	....
.....	....	....	....
.....	....	....	....

e) <u>wenn nein:</u>
Aus welchen Gründen haben Sie dies nicht getan?

....

22. <u>An alle</u>:
a) Kennen Sie das Berufsförderungsinstitut (bfi)?
Ja ..... (weiter bei b)
Nein ..... (weiter bei 23)

b) <u>wenn ja</u>:
Wer ist der Träger dieser Einrichtung, wer finanziert es?

....

c) Haben Sie schon an Veranstaltungen des Berufsförderungsinstituts teilgenommen?
Ja ..... (weiter bei d)
Nein ..... (weiter bei e)

d) <u>wenn ja</u>:
An welchen Veranstaltungen haben Sie teilgenommen?

....

e) An welchen Veranstaltungen wären Sie interessiert?

....

23. <u>An alle</u>:

a) Kennen Sie das Wirtschaftsförderungsinstitut (WIFI)?

Ja ..... (weiter bei b)
Nein ..... (weiter bei 24)

b) <u>wenn ja</u>:
Wer ist der Träger dieser Einrichtung, wer finanziert sie?

....

c) Haben Sie schon an Veranstaltungen des Wirtschaftsförderungsinstituts teilgenommen?

Ja ..... (weiter bei d)
Nein ..... (weiter bei e)

d) <u>wenn ja</u>:
An welchen Veranstaltungen haben Sie schon teilgenommen?

....

....

e) An welchen Veranstaltungen wären Sie interessiert?

....

....

24. <u>An alle</u>:

a) Glauben Sie, daß Sie es in Ihrer jetzigen Firma noch weiter bringen?

Ja ..... (weiter bei b)
Nein ..... (weiter bei c)

b) <u>wenn ja</u>:
Was können Sie erreichen?

....

c) <u>wenn nein</u>:
Weshalb nicht?

....

....

....

25. (Interviewer übergibt LISTE 6!)
Was ist Ihre Meinung: Welcher dieser Sätze ist der richtigste?

....

26. Nun eine andere Frage:

a) Haben Sie einen Mann oder eine Frau als unmittelbaren Vorgesetzten?

Mann .....
Frau .....

b) Seinen Chef kann man sich ja nicht aussuchen.
(Interviewer übergibt THERMOMETER!)
Wie gut verstehen Sie sich mit Ihrem Chef? Null bedeutet hier außerordentlich schlecht, 100 bedeutet außerordentlich gut.

....

c) wenn Mann:
Wie wäre das bei einem weiblichen Chef? (THERMOMETER!)

....

d) Hatten Sie schon einmal einen weiblichen Chef?

Ja .....
Nein ..... (weiter bei g)

e) wenn Frau:
Wie wäre das bei einem männlichen Chef? (THERMOMETER!)

....

f) Hatten Sie schon einmal einen männlichen Chef?

Ja .....
Nein .....

g) An alle:
Was ist Ihnen lieber als Chef: ein Mann oder eine Frau?

Mann .....
Frau .....

h) Aus welchen Gründen?

....

....

27. Wenn Sie an Ihre Kollegen bzw. Kolleginnen denken:
Wie gut kommen Sie im allgemeinen mit diesen aus? (THERMOMETER!)

....

28. a) Wenn Sie persönlich im Rahmen Ihrer Berufstätigkeit Schwierigkeiten haben: An wen können Sie sich da wenden?

....

b) Haben Sie das schon einmal getan?

Ja .....
Nein .....

c) <u>wenn ja</u>:
An wen haben Sie sich da gewendet?

....

29. <u>An alle</u>:
Gibt es in Ihrer Firma einen Betriebsrat?

Ja .....
Nein .....

30. Nun eine andere Frage:
Es ist heute ja häufig, daß man sich zusätzlich etwas verdient.

a) Ist das auch bei Ihnen der Fall?

Ja ..... (weiter bei b)
Nein ..... (weiter bei d)

b) <u>wenn ja</u>:
Durch welche Tätigkeit?

....

c) Wieviele Stunden nimmt das in der Woche etwa in Anspruch?

.... Stunden

d) Wenn Sie dieses zusätzliche Einkommen mit Ihrem normalen Einkommen vergleichen:
Wieviel Prozent macht das zusätzliche Einkommen ungefähr aus? .... %

e) wenn nein:
Aus welchem Grund ist das bei Ihnen nicht der Fall?

....

....

31. An alle:
a) Bekommen Sie irgendwelche geldlichen Zuwendungen von den Eltern oder von sonstigen Personen?
Ja ..... (weiter bei b)
Nein ..... (weiter bei 32)

b) wenn ja:
Von wem bekommen Sie solche Zuwendungen?

....

c) Wieviel macht das ungefähr im Monat aus?

.... S pro Monat

32. a) Bekommen Sie zusätzliche Geld- oder Sachleistungen von Ihrer Firma?
Ja ..... (weiter bei b)
Nein ..... (weiter bei 33)

b) wenn ja:
Welche Leistungen bekommen Sie und in welcher Höhe?

Leistung	Höhe = ö.S.	pro Monat pro Jahr?
....	....	....
....	....	....
....	....	....
....	....	....

33. Wenn wir uns jetzt auch kurz den Geldausgaben zuwenden.
a) Wo wohnen Sie? (Interviewer übergibt LISTE 7!)

....

b) Wie hoch sind ungefähr die damit verbundenen laufenden Aufwendungen im Monat?

.... S pro Monat

34. a) Sparen Sie von Ihrem Verdienst etwas?

Ja ..... (weiter bei b)
Nein ..... (weiter bei 35)

b) <u>wenn ja</u>:
Sparen Sie für bestimmte Zwecke?

Ja ..... (weiter bei c)
Nein ..... (weiter bei d)

c) Für welche Zwecke sparen Sie und in welcher Höhe?

Zweck	ca. Betrag pro Monat
....	....
....	....
....	....

d) Wieviel sparen Sie ungefähr insgesamt pro Monat?

.... S

35. Sie haben sicher schon etwas über elektronische Datenverarbeitung gehört.

a) Gibt es in Ihrem Unternehmen bereits eine solche Anlage?

Ja ..... (weiter bei b)
Nein ..... (weiter bei c)

b) <u>wenn ja</u>:

1. Wie lange besteht ungefähr diese Anlage?

seit .... 19..... bzw. .... Jahre

2. In welchem Bereich ist sie eingesetzt?

....
(weiter bei 36)

c) <u>wenn nein</u>:
Ist eine solche Anlage geplant?

Ja ..... (weiter bei d)
Nein ..... (weiter bei 37)

d) <u>wenn ja</u>:
Für welchen Bereich?

....

36. a) Hat Sie jemand über die Einführung der Anlage und über ihre Auswirkungen vorher informiert?

Ja ..... (weiter bei b)
Nein ..... (weiter bei 37)

b) wenn ja:
Wer hat Sie informiert?

....

37. An alle:

a) Hatten Sie im Rahmen Ihrer Berufstätigkeit bereits mit einer solchen Datenverarbeitungsanlage zu tun?

Ja ..... (weiter bei b)
Nein ..... (weiter bei 39)

b) wenn ja:
Waren damit Veränderungen in Ihrem persönlichen Tätigkeitsbereich verbunden?

Ja ..... (weiter bei c)
Nein ..... (weiter bei 38)

c) wenn ja:
Welche Veränderungen gab es?

....

....

d) Haben sich daraus größere Umstellungen in Ihrem persönlichen Tätigkeitsbereich ergeben?

Ja ..... (weiter bei e)
Nein ..... (weiter bei 38)

e) Welche Veränderungen haben sich daraus ergeben? (Genau beschreiben lassen, wie es vorher und wie es nachher war!)

....

....

....

38. a) War mit der Einführung für Sie eine Gehaltsveränderung verbunden?

Ja ..... (weiter bei b)
Nein ..... (weiter bei 39)

b) wenn ja:
nach oben oder nach unten?
+ nach oben .... Betrag .... S
- nach unten .... Betrag .... S

39. An alle:
a) Haben Sie sich selbst schon über Datenverarbeitung informiert?
Ja ..... (weiter bei b)
Nein ..... (weiter bei c)

b) wenn ja:
1. Auf welche Weise?

....

2. In welchem Umfang?

....

3. Sind Sie an Kursen darüber interessiert?
Ja ..... (weiter bei 40!)
Nein ..... (weiter bei 40!)

c) wenn nein:
Wären Sie an Kursen darüber interessiert?
Ja .....
Nein .....

40. An alle:
Wenn Sie so allgemein an die Auswirkungen von solchen Datenverarbeitungsanlagen denken: Wie wird sich das in Zukunft auf die Berufschancen der Angestellten auswirken?
a) Wird sich etwas ändern?
Ja ..... (weiter bei b)
Nein ..... (weiter bei e)

b) wenn ja:
Was wird sich für die Angestellten in Zukunft ändern?

....

....

c) Wie ist das mit den älteren Angestellten?

....

d) Wie ist es mit den jüngeren?

....

e) <u>an alle</u>:
Halten Sie das für richtig?

Ja .....
Nein .....

f) Aus welchem Grund?

....

....

g) Wie war das bei den Angestellten bevor es eine elektronische Datenverarbeitung gab?

....

....

41. Würden Sie in der <u>heutigen Situation</u> angesichts der Automation Ihren Beruf wieder wählen?

Ja .....
Nein .....

42. a) Glauben Sie, daß Ihre persönlichen Aufstiegschancen durch die elektronischen Datenverarbeitungsanlagen irgendwie beeinflußt werden?

Ja ..... (weiter bei b)
Nein ..... (weiter bei 43)

b) <u>wenn ja</u>:
In welcher Richtung?

....

43. <u>An alle</u>:
Wir haben bisher nur von der Arbeit und von Arbeitsbedingungen gesprochen. Es kommen nun einige Fragen über die Freizeit.

a) Was machen Sie am liebsten in Ihrer Freizeit?

1. ....
2. ....
3. ....

b) Haben Sie bestimmte Hobbies?

Ja ..... (weiter bei c)
Nein ..... (weiter bei 44)

c) <u>wenn ja</u>:
Welche sind das?

....

44. <u>An alle</u>:

a) Haben Sie Gelegenheit zum Fernsehen?

Ja ..... (weiter bei b)
Nein ..... (weiter bei 45)

b) Haben Sie selbst daheim ein Gerät?

Ja .....
Nein .....

c) Welche Sendungen interessieren Sie besonders?

1. ....
2. ....
3. ....

d) Wie oft sehen Sie sich Fernsehsendungen an?

täglich, regelmäßig .....
häufig .....
nur am Wochenende .....
gelegentlich .....
selten .....

e) Wieviel Zeit wenden Sie dafür ungefähr auf?
(in Stunden pro Tag)

.... Stunden pro Tag

45. <u>An alle</u>:

a) Haben Sie einen Radioapparat?

Ja .....
Nein .....

b) Welche Radiosendungen interessieren Sie besonders?

1. ....
2. ....
3. ....

46. a) Gehen Sie auch ins Kino?

Ja ..... (weiter bei b)
Nein ..... (weiter bei 47)

b) <u>wenn ja</u>:
Wie oft? ..... mal in der Woche
..... mal im Monat
..... mal im Jahr

47. Haben Sie in der letzten Zeit einmal ein Buch gelesen?

Ja .....
Nein .....

48. Gehen Sie ins Theater?

häufig .....
manchmal .....
gelegentlich ....
nie .....

49. Gehen Sie ins Konzert?

häufig .....
manchmal .....
gelegentlich .....
nie .....

50. Gehen Sie in Museen oder Ausstellungen?

häufig .....
manchmal .....
gelegentlich .....
nie .....

51. a) Interessieren Sie sich für Sport?

Ja ..... (weiter bei b)
Nein ..... (weiter bei 52)

b) wenn ja:
Für welche Sportarten? (Gleich unten notieren!)
Betreiben Sie diese aktiv, mehr oder weniger gelegentlich oder beschränkt sich Ihr sportliches Interesse auf das Zuschauen?

Sportart	aktiv	gelegentlich	Zuschauer
1.	....	....	....
2.	....	....	....
3.	....	....	....
4.	....	....	....
5.	....	....	....

52. a) Lesen Sie eine Tageszeitung?

Ja ..... (weiter bei b)
Nein ..... (weiter bei 53)

b) wenn ja:
Welche und wie häufig?

Zeitung	täglich	häufig	gelegentlich	selten
1.	...	...	....	...
2.	...	...	....	...
3.	...	...	....	...
4.	...	...	....	...
5.	...	...	....	...

53. a) Lesen Sie eine Sonntagszeitung?
Ja ... (weiter bei b)
Nein ... (weiter bei 54)

b) wenn ja:
Welche? Wie oft?

Zeitung	jeden Sonntag	häufig	gelegentlich	selten
1.	...	...	....	...
2.	...	...	....	...
3.	...	...	....	...

54. Für welche Artikel oder Anzeigen interessieren Sie sich besonders?

1. ....
2. ....
3. ....

55. a) Lesen Sie auch regelmäßig Zeitschriften oder Illustrierte?
Ja .....
Nein .....

b) wenn ja:
Welche?

....

56. a) Wir haben nun ständig von Freizeitbeschäftigungen gesprochen.
Was meinen Sie: Haben Sie - im Ganzen gesehen -
genügend Freizeit für sich ..... oder
nicht genügend freie Zeit .....

b) wenn nicht genügend Freizeit:
Aus welchen Gründen haben Sie nicht genügend freie Zeit?

....

....

57. a) Sind Sie Mitglied bei einem Verein?
Ja ..... (weiter bei b)
Nein ..... (weiter bei 58)

b) Bei welchem Verein? Bei welchem noch?

....

58. Beschäftigen Sie sich auch mit politischen Fragen?
Ja .....
Nein .....

59. Glauben Sie, daß es besser ist, wenn es
nur eine Partei gibt? ... oder
zwei Parteien ... oder
mehrere Parteien ...

60. a) Gibt es unter den bestehenden Parteien eine, die Ihren Anschauungen weitgehend entspricht?
Ja ..... (weiter bei b)
Nein ..... (weiter bei 61)

b) wenn ja:
Welche Partei ist das?

....

c) Sind Sie Mitglied dieser Partei?
Ja .....
Nein .....

d) wenn nein:
Wären Sie bereit, in diese Partei einzutreten?
Ja .....
Nein .....

61. An alle:
a) Sind Sie Gewerkschaftsmitglied?
Ja ..... (weiter bei b)
Nein ..... (weiter bei 62)

b) wenn ja:

1. Warum sind Sie Gewerkschaftsmitglied?

....

....

2. (Interviewer LISTE 8 vorlegen!)

....

c) Haben Sie eine Funktion in der Gewerkschaft?

Ja .... (weiter bei d)

Nein .... (weiter bei 62)

d) wenn ja:

Welche?

....

62. a) Wie wäre das, wenn Sie in einem anderen Betrieb tätig wären? Wären Sie da Gewerkschaftsmitglied?

Ja ....

Nein ....

b) Wie wäre das in einem Großbetrieb?

Ja ....

Nein ....

c) Wie wäre das in einem Kleinbetrieb?

Ja ....

Nein ....

63. a) Haben Sie die Gewerkschaft der Privatangestellten eigentlich schon einmal in Anspruch genommen?

Ja ....

Nein .... (weiter bei c)

b) wenn ja:

In welcher Angelegenheit?

....

c) Was sind so die wichtigsten Aufgaben der Gewerkschaft der Privatangestellten? (unbedingt mehrere aufzählen lassen!)

1. ....

2. ....

3. ....

d) In welcher Richtung sollte die Gewerkschaft der Privatangestellten besonders aktiv sein?

....

64. a) Wie ist es mit der Arbeiterkammer:
Haben Sie die Arbeiterkammer oder ihre Amtsstellen schon einmal für sich in Anspruch genommen?

Ja ....

Nein .... (weiter bei c)

b) <u>wenn ja:</u>
In welcher Angelegenheit?

....

c) Was sind die wichtigsten Aufgaben der Arbeiterkammer?
(mehrere angeben lassen! Einzelne Aufgaben nennen lassen!)

1. ....

2. ....

3. ....

d) In welcher Richtung sollte die Arbeiterkammer besonders aktiv sein?

....

....

65. Welcher Unterschied besteht Ihrer Meinung nach zwischen Gewerkschaft und Arbeiterkammer? (kurz erklären lassen)

....

....

66. a) Lesen Sie Zeitschriften der Gewerkschaft oder der Arbeiterkammer?

Ja .... (weiter bei b)

Nein .... (weiter bei 67)

b) <u>wenn ja:</u>
Welche lesen Sie bitte? (laut <u>vorlesen</u>!)

	regelmäßig	gelegentlich	selten
Solidarität	......	......	......
Der Privatangestellte	......	......	......
AK-Report	......	......	......
sonstige:	......	......	......
....	......	......	......
....	......	......	......
....	......	......	......

c) <u>an Leser:</u>
Was interessiert Sie besonders?

....

....

....

d) <u>an Leser:</u>
Was interessiert Sie weniger?

....

....

67. Auf welche Weise wurde hier Ihr Gehalt vereinbart?

a) nach dem Kollektivvertrag? .....

b) nach dem Gehalt Ihres Vorgängers bzw. Ihrer Vorgängerin? .....

c) nach persönlicher Vereinbarung? .....

d) durch sonstige Regelungen? .....

welche? ....

68. a) Wissen Sie die Höhe Ihres kollektivvertraglichen Gehalts bzw.die Verwendungsgruppe, in die Sie gereiht sind?

Ja .... (weiter bei b)

Nein .... (weiter bei c)

b) <u>wenn ja</u>:

Verwendungsgruppe ....

kollektivvertr.Gehalt ....S

c) Unterscheidet sich Ihr Gehalt vom kollektivvertraglichen?

Ja .... (weiter bei d)

Nein .... (weiter bei 69)

Weiß nicht .... (weiter bei 69)

d) <u>wenn ja</u>:

Um wieviel? + nach oben: ....S

- nach unten: ....S

69. <u>Nur an Frauen:</u>

Sind Sie im Vergleich zu Ihren männlichen Kollegen in gleicher Position besser, gleich oder schlechter eingestuft?

besser ......
gleich ......
schlechter ......
weiß nicht ......

70. <u>An alle:</u>

a) Haben Sie vielleicht schon einmal von einem sogenannten <u>Dienstzettel</u> gehört?

Ja .... (weiter bei b)
Nein .... (weiter bei 71)

b) <u>wenn ja:</u>
Haben Sie einen Dienstzettel?

Ja ....
Nein ....

71. Nun eine ganz andere Frage:
a) Haben Sie schon Kinder?

Ja .... (weiter bei c)
Nein .... (weiter bei b)

b) <u>wenn nein:</u>
Wollen Sie einmal Kinder?

Ja .... (weiter bei c)
Nein .... (weiter bei 72)

c) Wieviele Kinder wollen Sie einmal haben?

...... Kinder

d) Welche Vorstellungen haben Sie über die Ausbildung und den Beruf Ihrer Kinder, wenn Sie (<u>einzeln</u> fragen!)

1. an einen Sohn denken
2. an eine Tochter denken

	Ausbildung	Beruf
1. Sohn	....	....
2. Tochter	....	....

72. a) Wenn Sie einmal - oder schon - Kinder haben, wie werden Sie Ihre Kinder erziehen?

wie Sie selbst von Ihren Eltern erzogen worden sind? .....

oder werden Sie Ihre Kinder anders erziehen? .....

b) Was möchten Sie anders machen?

....

c) Von wem wurden Sie selbst erzogen?

....

73. a) Was meinen Sie: Soll <u>normalerweise</u> eine Frau auch nach der Verheiratung berufstätig bleiben?

Ja .... (weiter bei b)

Nein .... (weiter bei c)

b) <u>wenn ja</u>:
Was spricht dafür? Wie lange?

....

....

c) <u>wenn nein</u>:
Was spricht dagegen?

....

....

74. <u>Nur an Männer</u>:

a) Sind Sie verheiratet?

Ja ..... (weiter bei b)

Nein ..... (weiter bei 75)

b) <u>wenn ja</u>:
Ist Ihre Gattin berufstätig?

Ja ..... (weiter bei c)

Nein ..... (weiter bei d)

c) <u>wenn ja</u>:

1. Welchen Beruf übt Ihre Gattin aus?

....

2. Wird Ihre Gattin in absehbarer Zeit ihren Beruf aufgeben?

Ja .... (weiter bei 2.a)

nein .... (weiter bei 2.b)

2. a) <u>wenn ja:</u>
Aus welchem Grund?

....

2. b) <u>wenn nein:</u>
Wie lange wird sie noch berufstätig bleiben?

....

....

d) <u>wenn nein:</u>
1. Hat Ihre Gattin einmal einen Beruf ausgeübt?

Ja .....

Nein ..... (weiter bei 77)

2. <u>wenn ja:</u>
Welchen?

....

3. Wann hat sie den Beruf aufgegeben?

....

....

75. <u>Nur an unverheiratete Männer:</u>

a) Wollen Sie einmal heiraten?

Ja .... (weiter bei b)

Nein .... (weiter bei 77)

b) <u>wenn ja:</u>
Soll Ihre Gattin einmal auch nach der Verheiratung berufstätig bleiben?

Ja ....

Nein ....

1. <u>wenn ja:</u>
Wie lange?

....

2. <u>wenn nein:</u>
Aus welchen Gründen wäre Ihnen das angenehm?

....

....

76. <u>Nur an Frauen:</u>

a) Sind Sie verheiratet?

Ja .... (weiter bei b)

Nein .... (weiter bei c)

b) <u>wenn ja:</u>

1. Welchen Beruf hat Ihr Gatte?

....

2. Wie lange wollen Sie Ihren Beruf ausüben?

....

....

c) <u>wenn nein:</u>

1. Wollen Sie einmal heiraten?

Ja ....

Nein .... (weiter bei 77)

2. <u>wenn ja:</u>
Wollen Sie dann Ihren Beruf beibehalten?

Ja ....

Nein ....

3. Wie lange?

....

77. <u>An alle:</u>

a) Sind Sie für oder gegen eine Teilzeitarbeit (z.B. Halbtagsarbeit) der Frau?

dafür ....

dagegen ....

b) Welche Vorteile gibt es dabei?

....

....

c) Welche Nachteile sind damit verbunden?

....

....

78. <u>An alle:</u> (Interviewer überreicht <u>LISTE 9!</u>)
Wer soll die Entscheidung in der Ehe bei folgenden Angelegenheiten treffen?

Zum Schluß kommen jetzt noch einige Fragen zu statistischen Zwecken.

79. Welchen Beruf hat (oder hatte) Ihr Vater?
(bitte genau angeben lassen; z.B."Beamter" genügt nicht!)

....

80. a) Ist (oder war) Ihre Mutter berufstätig?

Ja ....

Nein ....

b) wenn ja:
Welchen Beruf übt (oder übte) sie aus?

....

81. In welchem Ort sind Sie aufgewachsen? (wenn mehrere Orte, dann jeweils in Klammern Lebensalter angeben!)

....

....

82. (Interviewer übergibt wieder THERMOMETER!)

Wenn Sie an Ihren allgemeinen Gesundheitszustand denken: Wie würden Sie diesen einschätzen, wenn 100 einen ausgezeichneten und Null einen ganz schlechten Gesundheitszustand bedeutet?

....

83. In der heutigen Zeit kann man leicht nervös werden. Wie würden Sie sich hier auf dem Thermometer einschätzen? (Null bedeutet nicht nervös, 100 ungeheuer nervös.)

....

Wieviele Kinder sind Sie zu Hause gewesen?

.... Kinder

Bitte beginnen Sie bei der Aufzählung mit dem ältesten Geschwister und vergessen Sie sich selbst nicht dabei.

	Geschlecht		Alter	Beruf
1	m	w	....	....
2	m	w	....	....
3	m	w	....	....
4	m	w	....	....
5	m	w	....	....
6	m	w	....	....
7	m	w	....	....
8	m	w	....	....
9	m	w	....	....
10	m	w	....	....

Familienstand: ledig .... verwitwet ....

verheiratet .... geschieden ....

Kinderzahl: .....

Wohnort: .... Einwohnerzahl: ....

Betriebsgröße (nach der Anzahl der Beschäftigten):

....

Wirtschaftszweig: ....

Persönliches Bruttoeinkommen pro Monat (nach <u>LISTE 10</u>):

Buchstabe ....

Familieneinkommen (nach <u>LISTE 11</u>):

Buchstabe ....

LISTE 12 ("Gegenstände") vorlegen!

Haben Sie ein eigenes Auto?

Ja ....

Nein ....

wenn ja:

Marke und Type: ....

LISTE 13 bzw. 14 ("Selbst" bzw. "Ideal") vorlegen!

Alter: ..... Jahre

Geschlecht: männlich ....

weiblich ....

Betrieb: ....

Datum:

Beginn des Interviews: .... Uhr

Ende des Interviews: .... Uhr

Interviewer: ....

(Unterschrift)

DATEN AUF SEITE 1 ÜBERTRAGEN !!!

INSTITUT FÜR PSYCHOLOGIE
Vorstand: Prof.Dr.Th.SCHARMANN

THERMOMETER

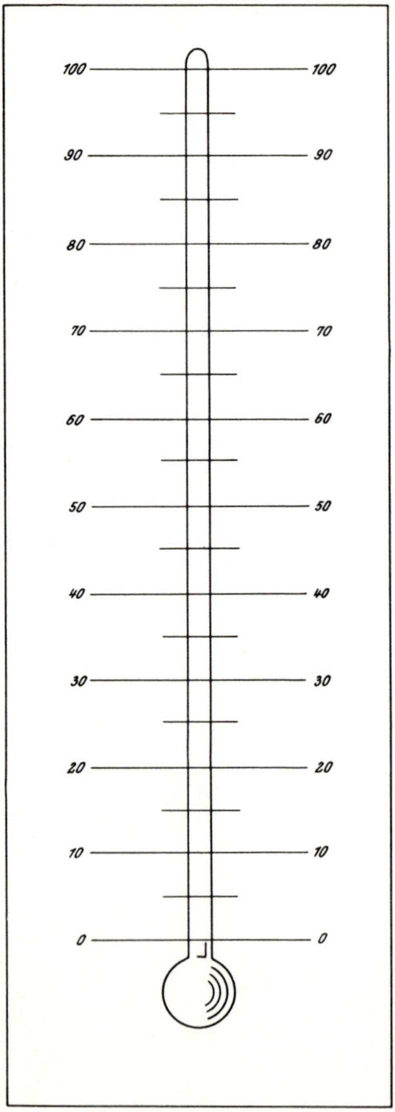

LISTE 1

Die Entscheidung bei meiner Berufswahl ist maßgeblich beeinflußt worden von:

A	Kollegen
B	Mutter
C	Berufsberatung, Arbeitsamt
D	Freund / Freundin
E	Vater
F	Schwester
G	Lehrer
H	Bruder
I	Onkel, Verwandte

LISTE 2

Welchen WECHSEL DER ARBEITSSTELLE meinen Sie?

Ich meine

A Wechsel in eine andere Abteilung mit gleicher Arbeit.

B Wechsel in eine andere Abteilung mit anderer Arbeit.

C Wechsel zu einer anderen Firma mit gleicher Arbeit.

D Wechsel zu einer anderen Firma mit anderer Arbeit.

E Wechsel zu einem anderen Beruf

LISTE 3

Welche DREI DINGE sind für einen Angestellten in der Firma DIE WICHTIGSTEN ?

A Sicherheit für das Alter.

B Gute Möglichkeiten zum Vorwärtskommen.

C Gute Sozialeinrichtungen in der Firma.

D Ansehen der eigenen Arbeit.

E Angenehme Vorgesetzte.

F Wissen, was in der Firma vor sich geht.

G Viel Geld mit nach Hause bringen.

H Ein fähiger Betriebsrat.

I Eine befriedigende Arbeit.

J Viel Freiheit.

K Eine angesehene Firma.

L Nicht zuviel Tempo bei der Arbeit.

M Angenehme Kollegen.

N Keine Sorgen vor Arbeitslosigkeit.

O Gerechte Behandlung.

LISTE 4

Von welchen FAKTOREN hängt im Berufsleben Ihrer Meinung nach im allgemeinen das PERSÖNLICHE VORWÄRTSKOMMEN ab?

A Berufliche Fähigkeiten, Ausbildung.

B Lebensalter.

C Gute Beziehungen (Vitamin B).

D Ellbogentechnik.

E Geschlecht.

F Organisationstalent.

G Wichtigtuerei.

H Fähigkeit, Menschen zu führen.

I Anpassungsfähigkeit.

J Anzahl der Jahre in der Firma.

K Verantwortungsbewußtsein.

L Parteibuch.

M Vorgesetzte.

LISTE 5

Welcher von den folgenden Sätzen ist der richtigste?

A. Die persönliche Anstrengung nützt gar nichts, denn die Kleinen wurden schon immer von den Großen ausgenützt; das bleibt auch in Zukunft so.

B. In unserer Gesellschaft hat jeder die Chance, eine höhere Position zu erreichen, wobei das allerdings für Angehörige der oberen Schichten leichter ist.

C. Was in unserer heutigen Gesellschaft zählt, ist ausschließlich die persönliche Leistung; alles andere ist unwichtig.

D. Der Einzelne kann die Verhältnisse nicht ändern; nur wenn seine Klasse geschlossen handelt, dann werden in Zukunft auch die Abhängigen zu ihrem Recht kommen.

E. Es wird immer Leute geben, die mehr verdienen als die anderen, weil sie auch mehr Leistung erbringen und weil sie mehr Verantwortung tragen müssen.

LISTE 6

Welcher der folgenden Sätze ist der richtigste?

A. Wenn sich alle in der regulären Arbeitszeit voll einsetzen, dann sind keine Überstunden nötig.

B. Das Wichtigste ist, daß die Firma gut bezahlt - ganz gleich, ob man sich dafür anstrengen muß oder nicht.

C. Wenn es das Interesse der Firma erfordert, arbeitet man auch einmal am Wochenende oder am Feiertag daheim, ohne daß man dies als etwas Besonderes empfindet und extra berechnet.

D. Man muß sich bemühen, die Arbeitsanforderungen zu erfüllen, damit man keine persönlichen Nachteile hat und die Vorgesetzten zufrieden sind.

E. Das Wichtigste im Leben ist für mich meine Arbeit in der Firma, alles andere ist zweitrangig.

F. Wenn wichtige Termine eingehalten werden müssen, kann es auch einmal erforderlich sein, daß man über die normale Arbeitszeit hinaus im Betrieb bleibt, wenn dafür bezahlt wird.

LISTE 7

Wo wohnen Sie?

Bitte geben Sie nur den Buchstaben an!

A. bei den Eltern

B. in Untermiete

C. in einer Mietwohnung

D. in einer Eigentumswohnung

E. im eigenen Haus

F. sonstige (welche?)

LISTE 8

Ausschlaggebend für den Beitritt zur Gewerkschaft war Folgendes:
(Bitte geben Sie nur die wichtigsten Gründe an!)

A. Aussicht auf Hilfe in persönlichen Angelegenheiten.

B. Beitritt ist üblich, wollte kein Außenseiter sein.

C. Betriebsrat.

D. Beitritt ist Bedingung bei der Anstellung.

E. Weil Vater oder Mutter auch dabei sind / waren.

F. Kollegen.

G. Stärkung der Interessenvertretung der Arbeitnehmer.

LISTE 9

Kreuzen Sie bitte für jede Zeile an, ob die

Entscheidung meistens vom MANN,

meistens von der FRAU, oder

meistens von beiden GEMEINSAM

getroffen wird.

Sie dürfen also in jeder Zeile nur EIN Kreuz machen!

Die Entscheidung trifft:	meistens der Mann	meistens die Frau	meistens beide gemeinsam
a) bei Berufswahl der Kinder	....	....	....
b) bei Wohnungsproblemen (Umzug, andere Wohnung)	....	....	....
c) bei Stellenwechsel des Mannes	....	....	....
d) bei Anschaffungen	....	....	....
e) bei Stellenwechsel der Frau	....	....	....
f) bei der Frage der Ausbildung der Kinder	....	....	....
g) bei der Frage der Berufstätigkeit der Frau	....	....	....

LISTE 10

Persönliches Einkommen (Brutto) pro Monat:

Bitte geben Sie nur den Buchstaben an!

	in ö.S.		in ö.S.
A	500 - 900	L	4900 - 5300
B	900 - 1300	M	5300 - 5700
C	1300 - 1700	N	5700 - 6100
D	1700 - 2100	O	6100 - 6500
E	2100 - 2500	P	6500 - 6900
F	2500 - 2900	Q	6900 - 7300
G	2900 - 3300	R	7300 - 7700
H	3300 - 3700	S	7700 - 8100
I	3700 - 4100	T	8100 - 8500
J	4100 - 4500	U	8500 - 8900
K	4500 - 4900	V	8900 und mehr

LISTE 11

Familieneinkommen (Brutto) pro Monat:

Bitte geben Sie nur den Buchstaben an!

	in ö.S.		in ö.S.
A	1000 - 1800	I	7400 - 8200
B	1800 - 2600	J	8200 - 9000
C	2600 - 3400	K	9000 - 9800
D	3400 - 4200	L	9800 - 10600
E	4200 - 5000	M	10600 - 11400
F	5000 - 5800	N	11400 - 12200
G	5800 - 6600	O	12200 - 13000
H	6600 - 7400	P	13000 und mehr

LISTE 12

Kreuzen Sie bitte alle in Ihrem Besitz befindlichen GEGENSTÄNDE an!

Kühlschrank	Klavier
Waschmaschine	Plattenspieler
Küchenmaschine	Radiogerät
Geschirrspülmaschine	Fernsehgerät
Grillgerät, Toaster	Kofferradio
Heißwasserbereiter	Photoapparat
Telephon	Motorrad
Staubsauger	Moped
Nähmaschine	Auto
Bügeleisen	Fahrrad
Schreibmaschine	Motorroller
Aquarelle, Gemälde	Boot
Badewanne	Skiausrüstung
Hausbar	Klimaanlage
Bücherschrank, -regal	Feldstecher
Diaprojektor	Filmausrüstung
Tonbandgerät	

LISTE 13 /14 | Selbst ☐ | Ideal ☐ | Nr.

klein	1 2 3 4 5 6 7	groß
1. impulsiv, lebhaft, rasch zupackend		beherrscht, überlegend, abwartend
2. gesellig, freimütig, warmherzig		verschlossen, zurückhaltend, kühl
3. anpassungsfähig, sich rasch umstellend		auf seinem Standpunkt und im Gewohnten beharrend
4. sehr intelligent		wenig intelligent
5. in sich gefestigt, unabhängig von der äußeren Lage, läßt sich nicht leicht aus der Ruhe bringen		leicht beeindruckbar, rasch wechselnde Gefühle, abhängig von der äußeren Lage
6. überempfindlich, leicht erregbar		wenig empfindlich, phlegmatisch, nicht leicht erregbar
7. lieber befehlend, beherrschend, selbstsicher		lieber gehorchend, unsicher, sich unterordnend
8. fröhlich, aufgeschlossen, humorvoll		verschlossen, pessimistisch, melancholisch
9. ausdauernd, beharrlich, gewissenhaft		wenig ausdauernd, immer auf dem Sprung, nimmt es nicht so genau
10. ungeduldig, fordernd, sucht Aufmerksamkeit zu erregen		abgeklärt, reif, drängt sich nicht nach vorn
11. zögernd, leicht müde, unentschlossen		entschlossen, aktiv energisch, widerstandsfähig
12. vielseitig interessiert, geistig unabhängig		keine eigenen Interessen, einfach, hält sich an andere
13. mißtrauisch, zurückgezogen		zugänglich, vertrauensvoll, verstehend
14. phantasievoll, unbekümmert, hat ausgefallene Ideen		nüchtern bürgerlich, praktisch
15. ängstlich-besorgt, einsam, schüchtern, leicht entmutigt		selbstsicher, zäh selbstvertrauend

Satz und Druck: Herbert Hießberger, A-2563 Pottenstein
Druck des Anhangs: Bors & Müller, A-1010 Wien